KB261371

대한민국 보통 사람들, 노무현 전 대통령 만나러 「봉하마을」 가는 길

대통령님 나와주세요!

대한민국 보통 사람들, 노무현 전 대통령 만나러 「봉하마을」 가는 길

대통령님 나와주세요!

김창배 지음

for book

차례

2 고향으로 돌아간 대통령

'소통'의 물꼬가 터진 곳, 봉하마을
그도, 우리도 하고 싶은 말이 너무 많다

2008년 노무현 전 대통령이 귀향한 경남 김해시 봉하마을에 '희한한' 일이 벌어지고 있다. 볼 것 하나 없는 외딴 시골 마을에 꾸역꾸역 사람들이 모여들고 있는 까닭이다. 관광버스로, 승용차로, 자전거로 혹은 걸어서…… 마치 순례 길에 오른 것처럼 쉼 없이 찾아오는 사람들로 작고 조용하던 마을은 북새통을 이루고 있다.

사람들은 뙤약볕 아래도 아랑곳하지 않은 채 몇 시간씩 목을 빼고 노 전 대통령이 나와 주기만을 기다린다. 노 전 대통령의 모습이 보이지 않을 때는 고함을 질러대는 모습도 다반사다.

"대통령님, 나와 주세요!" "대통령님, 보고 싶어요!"

2008년 2월 이후 넉 달여 만에 노 전 대통령을 찾는 방문객 수가 무려 50만 명을 훌쩍 넘어섰으니, 이런 추세라면 올해 안으로 100만 명을 돌파할 기세다. 사람들은 왜 봉하마을로 몰려드는 것일까? 재임 시절, 그만큼 인기가 높았기 때문인가? 고개가 절로 가로 저어진다.

민망하게도 임기 중후반 그의 국정 지지도가 역대 최저인 한 자리 숫자를 오르내린 사실은 알 만한 사람은 다 안다. "한 번 해보자는 거지요?" "대통령직 못해 먹겠다." "노무현이 하는 것 반대하면 다 정의 아닙니까? 흔들어라, 이거지요?" "대통령 5년 임기가 너무 길다는 생각이다." 이와 같이 입만 열었다 하면 속사포처럼 '튀는' 발언을 쏟아낸 결과였다.

급기야 임기 말에는 '전정(前程)에 걸림돌이 된다' 는 이유로 자신이 직접 만든 '열린우리당' 에서조차 버림을 받기에 이르렀던 그였다. 하다못해 돌부리에 걸려 넘어져도 '노무현 탓' 을 했을 정도였으니 더 말해 무엇하랴. 상황이 이렇다 보니 정나미가 떨어져 퇴임 이후 그를 새삼 다시 찾을 이유가 도무지 없을 성싶다. 그런데 현실은 딴판이다. 사람들은 노 전 대통령을 찾아 길을 떠난다. 이제는 정말 잊을 만도 한데 자꾸 생각이 나는 모양이다.

"봉하마을에서 뛰쳐나올 날이 얼마 남지 않았어. 튀는 성격이 어디 가겠어?" "김해시장이나 도지사 선거에 나서려는 것 아냐!" "무슨 소리야. 그의 귀향에 대한 신념은 확고해!" 봉하마을에 정착한 이후 이번에는 가만히 있는 그를 두고 주변의 억측이 끊이지 않는다. 봉하마을 뒷산에다 손수 장군차를 심고, 소나무 가지치기를 하고, 마을 주민들과 오리농법으로 농사짓는 모습을 몸소 보여주고 있지만, 일각에서는 도무지 믿어지지 않는 모양이다.

어쨌든, 봉하마을에 안착한 그의 표정은 지금 한없이 평온하고 여유롭다.

끝없이 밀려드는 사람들을 위해 손을 내밀고, 말을 건네고, 등을 두드려 주고 있다. 방문객들은 그의 미소를 보고 마음의 평온을 얻는다.

부산에서 취재 활동을 해온 필자는 1988년과 1992년 3월 총선(부산 동구 출마)부터 1995년 부산시장 선거, 2000년 총선(부산 강서구 출마), 2002년 대선 등 20년 가까이 노 전 대통령을 원근(遠近)에서 지켜봐 왔다. 굴곡 많은 세월을 지나는 동안 그의 표정이 어떻게 변해 왔는지도 기억하고 있다.

1992년 총선에서 낙선의 고배를 마신 그는 한없이 어두웠다. 14대 총선 다음 날인 1992년 3월 25일, 부산 서구 부민동 부산지방법원 골목길에서 어깨를 축 늘어뜨린 채 걷고 있던 그의 모습이 지금도 생생하니 말이다.

IMF 외환위기를 맞은 1990년대 말, 당시 부산 경제의 희망이었던 삼성자동차를 살리기 위해 백방으로 뛰던 그는 다시 예전의 활기를 되찾은 모습이었다. 하지만 경제와 노동 현장에서의 혁혁한 공로에도 불구하고 '지역구도'가 잉태한 낙선의 검은 그림자는 좀처럼 그를 떠나지 않았다. 그로서도 미칠 지경이었을 것이다.

오죽했으면 〈여보, 나 좀 도와줘〉라는 제목의 책까지 출간했을까.

하지만 그는 끝내 대선 고지를 정복하고야 말았다. 국회의원 선거에 네 번 출마해서 세 번 낙선, 게다가 부산시장 선거에서조차 고배를 마신 그가 대선

고지에 오른 것을 보면 '실패학'의 대가라는 생각을 지울 수가 없다. 그에게는 '노사모'란 별동대가 있었지만 '필마단기(匹馬單騎)'나 다름없는 상태에서 자금과 조직이 탄탄한 상대 후보를 누른 것은 허를 찌른 결과가 아닐 수 없었다.

그렇다면 실패(낙선)를 통해 성공(당선)의 신화를 이루어 낸 그가 향후 봉하마을에서 보여 줄 행로는 어떤 모습일까? 그는 자신을 둘러싼 '내외부의 흔들기'를 극복하고 진정한 봉하마을의 귀향민으로 정착할 수 있을까? 그리고 그가 제시하는 바람직한 국가원로상은 과연 어떤 모습일까?

최근 국내는 물론 전 세계적으로 위기가 증폭되고 있다. 연일 최고치를 갈아 치우는 유가는 '3차 오일 쇼크'의 도래를 예고하고 있으며, '월급만 빼고 다 오른다'는 물가 불안 심리가 서민들의 어깨를 짓누르고 있다.

게다가 미국산 쇠고기 수입 허용으로 인한 반감과 광우병에 대한 두려움은 국민들로 하여금 촛불을 들고 거리로 나서도록 내몰고 있다. 고대 그리스의 직접 민주정으로 회귀라도 하려는 듯 끝없는 파행으로 치닫는 국회는 아득히 흔적조차 찾기 힘들다.

불신이 더 큰 불신을 낳고 있는 이 시대에 외딴 시골 산자락 아래 봉하마을을 찾아가는 사람들. 그들의 발걸음을 따라 걸으며 필자의 마음속에 솟구

친 생각은 '소통'이었다. 우리에게는 마음속의 응어리를 풀 곳이 필요하다는 것이었다.

'청와대 주인'에서 이제는 평범한 봉하마을 주민으로 돌아온 노무현 전 대통령이 바로 그 소통의 물꼬를 열어 줄 수 있지 않을까 하는 작은 기대도 품어 보았다.

이 책은 그러한 기대감에서 시작되었다. 권위를 벗어던지고 사람들을 향해 손 내미는 국가원로의 모습, 대통령에 대한 불평불만으로 가득 찼던 과거의 기억은 훌훌 털고 소통을 위해 길을 나서는 국민들의 모습…… 그 진성성을 조금 더 깊숙이 들여다보고 싶은 마음으로 글쓰기는 시작되었다.

세상에 내놓기에는 부끄러운 글이지만, 일일이 진심을 다해 답변해 주었던 봉하마을 사람들과 봉하마을을 찾아온 모든 사람들에게 감사드린다. 그리고 무엇보다 이런 글을 쓸 수 있는 배경을 만들어 준 노무현 전 대통령에게 진심 어린 감사를 건네고 싶다.

40여 가구가 옹기종기 모여 사는 경남 김해의 외딴 마을, 봉하마을로 '소통의 힘'을 느끼러 가보는 것은 어떤가? 만약 운이 좋아 그를 만나면 한 번쯤 물어보자. 고향으로 돌아온 지금, 사람들과 끝없이 소통하고 있는 지금, 당신은 행복하시냐고…….

이 책을 만들기 위한 준비는 무더위 속에서 이뤄졌다. 열대야에 밤샘 작업을 마다하지 않은 포북의 계명훈 대표와 에프 북의 김수경 님 그리고 최태원, 이수지 님에게도 심심한 감사의 말씀을 전한다. 아울러 봉화산을 오르내리며 봉하마을 취재를 도와준 하태훈 후배에게도 고마움을 전한다.

김창배

© 사람 사는 세상(www.knowhow.or.kr)

1
「봉하마을」에서 만난 사람들

거제도에서 여객선과 지하철, 버스까지 네번이나 갈아타고 왔다는 노부부, 어린 아이 둘을 업고 안고 찾아온 젊은 엄마, 벌써 세 번째 방문이라고 나직하게 이야기하던 40대 중반의 남자 그리고 아직 세상 물정 모를 것 같은 여중생에서 대학생들까지…… 봉화산 자락 아래 작은 「봉하마을」은 하루 수천 명의 때 아닌 손님들로 북새통을 이룬다. 몇 송이 꽃을 손에 들고 노 전 대통령에게 선물하겠다고 서성이는 노신사가 있는가 하면, 욕먹느라 힘들었던 대통령의 지난 5년을 위로해 줘야 한다며 멍석을 깔고 앉아 노 전 대통령을 몇 시간씩 기다리던 아주머니들까지, 방문 이유도 저마다 다르다. '노무현 대통령 생가 가는 길' 이라는 표지판이 마을 초입에서부터 사람들을 반기는 곳. 노 전 대통령의 손을 잡고 눈물이 그렁그렁한 눈으로 말을 삼키거나 반갑게 손 흔드는 사람들…… 굳이 그 먼 곳까지 찾아가 "대통령님 나와 주세요!"를 외치며 그들이 보고 싶은 것은 무엇일까? 그들이 말하고 듣고 싶은 것은 과연 무엇일까?

Interview _ 최태원

소통 그리고 희망,
봉하마을에서 얻고 싶은 것들

"고통스럽고 힘든 투병 생활을 하면서도 표정이 밝아 안심이

되는구나. 민영아, 희망을 잃지 말아라."

"대통령님을 직접 만나 뵈니 너무 놀랍고 신이 납니다.

하루빨리 병이 나아 건강한 모습으로 대통령님을 다시 뵙겠습니다."

투병 중인 한 소녀가 대통령님을 만나고 싶다는 의지를 전했습니다.

지난 2008년 6월 26일 오전, 노 전 대통령이 귀향한 경남 김해시

진영읍 본산리 봉하마을 사저 앞에서 펼쳐진 감동스러운 장면입니다.

휠체어에 몸을 의지한 채, 병색이 완연한 얼굴로

한 소녀가 노 전 대통령을 찾아온 것이지요.

진주 중앙고 2학년 성민영, 진주 경상대병원에서 수개월째 치료를

받아 오고 있는 민영이의 병명은 급성 백혈병이라고 했습니다.

초등학교 5학년 때 앓았던 골육종의 후유증으로 지난해

백혈병이 발병했다고 했습니다.

병원에서조차 특별한 치료 방법이 없다는…… 민영이는

안타깝게도 시한부 인생을 선고받은 셈이라고 합니다.

아픈 딸아이를 그저 바라볼 수밖에 없는 어머니의 마음을 어떻게

말로 표현할 수가 있을까요. 그런데 민영이는 오히려 그런 어머니를 위로하며 작은 간청을 했답니다. 노 전 대통령을 꼭 한 번 만나보고 싶다는 바람이었던 거죠. 민영이의 어머니는 딸아이의 그 간절한 마음을 노 전 대통령 측에 전했고, 노 전 대통령은 다른 일정을 모두 제쳐 둔 채 성 양을 맞아준 것이었지요.

노 전 대통령은 자신의 얼굴이 인쇄된 우편 카드에 사인을 한 뒤 민영이에게 건네주면서 용기와 희망을 잃지 말 것을 당부했습니다. 살고 싶어서…… 아마도 그것이겠지요. 살고 싶은 희망, 그 희망을 얻기 위해서 사람들은 그렇게 꾸역꾸역 저 멀리, 산자락 아래 작은 마을을 찾아가는 것이겠지요. 민영이의 아픈 몸이 그렇듯, 저마다의 상처를 가진 사람들은 병원도 아니고 요양원도 아닌 그곳에서 숨겨 두었던 상처를 하나씩 끄집어내고, 탈탈 털어 낸 뒤 스스로 치료하고 돌아오는 것입니다.

스스로…… 그렇습니다. 살아가는 모든 일은 스스로 해야 할 저마다의 과제입니다. 다시 일어서거나 혹은 포기하거나, 절망하거나 혹은 꿈을 갖거나, 웅크리거나 어깨를 당당히 펴고 도전하거나…….

살면서 벌어지는 모든 일들은 결국 내 자신의 의지로 결정되는
것이지요. 도울 수는 있지만, 결국 그것을 해내고야 마는 것은
스스로의 힘입니다.
"대통령님을 뵈니 너무 놀랍고 신이 납니다.
반드시 완치해 대통령님을 다시 뵙겠습니다."
급성 백혈병을 앓고 있는 민영이는 노무현 전 대통령을 만난 뒤
스스로에게 그렇게 말했을 것입니다. 그렇게 하자, 반드시 완치해서
대통령님의 모습을 다시 보자고. 누군가에게는 참 별 것도 아닌 일이
누군가에게는 삶의 의지가 되기도 한다는 것을 그 아이의 말에서
배웠습니다. 꼭 한 번 다시 만나고 싶은 사람이 있어서,
그 아이는 건강하게 다시 일어설 수 있게 될 것입니다.
결혼 20년 만의 여행이라는 이들도 있고, 실직한 뒤 삶의 희망을 버린
채 암울한 날들을 살고 있는 가장도 있습니다. 죽기 전에 꼭 한 번,
나라님의 용안을 뵙고 싶다는 노부부도 있고, 대통령의 좋은 기운을
가족들에게 나눠 주고 싶어서 찾아온다는 이들도 있습니다.
물론 촛불집회에서 못다 푼 한을 풀고 싶어서 왔다는 강경한 목소리도
있습니다. 어린 아이들을 안고 업고 찾아오는 젊은 아빠는 사람

냄새나는 대통령의 모습을 통해 아이들의 미래를 밝혀 주고 싶다고
했습니다. 한창 사랑에 빠져 있는 젊은 연인, 젊은 혈기를 나라 걱정에
쏟고 있는 대학 동아리 친구들……. 아! 또 있습니다.
대통령 손 한 번 잡아 보고 싶은 계모임 아주머니들에서부터
기념 촬영이 목적인 아저씨 부대, 그리고 노 전 대통령의 감칠맛 나는
말솜씨에 홀딱 빠져버렸다는 중년 부인도 있습니다.
다음엔 또 어떤 이야기를 풀어놓으실지 내내 기대가 되어서
벌써 세 번째 방문이라고 하더군요.
봉하마을은 그렇게 저마다의 이유를 가진 사람들로 북적거립니다.
하지만 먼 길을 돌고 돌아온 이유가 저마다 다르다고 해도 그들의
마음속에 심지처럼 박혀 있는 생각은 모두 똑같습니다.
변화와 혁신, 늘 새로운 것을 찾아 도전하는 전직 대통령에 대한
믿음입니다. 제아무리 퇴임 대통령이라고는 해도 한때 대한민국을
호령(?)하던 대통령이 부르기만 하면 달려 나와 준다는 것이
어디 쉬운 일인가 말입니다. 우리 역사 속에 그렇듯
대문 활짝 열고 국민들을 위해 두 팔을 벌려 준 이가 있었던가요.

혹여 누가 자신에게 상처를 입히지는 않을까, 모두들 철통같은

경비 속에 몸을 맡긴 채 숨어 있곤 하지 않았던가요.

퇴임 후의 행보가 신선해서 그 사람을 꼭 한 번 만나고 싶습니다.

아무리 산골에서 태어났다고는 하지만, 국가원수 노릇까지 겪어

본 이가 모든 것을 다 내려놓고 다시 산자락으로 돌아가는 일이

쉽지는 않았을 테니까요.

그것만으로도 충분한데, 찾아오는 국민들을 일일이 만나

응대해 주니 얼마나 고마운 노릇인가요.

마음속에 응어리진 못다 한 이야기들을 그저 묵묵히 들어주기만 해도,

착한 서민들은 그저 그것만으로도 감격해서 눈물이 날 지경인

것이지요.

노무현 전 대통령의 모든 것이 다 옳기 때문에 이 책이 만들어진 것은

아닙니다. 재임 기간 동안 우리가 '노무현 대통령'에게

쏟아 부었던 비난과 원망이 어디 한두 가지였던가요.

다만 우리는 그저 그의 오늘을 보면서 한 수 배우고 싶을 뿐입니다.

더 나은 사람으로 살기 위해서, 좀 더 보람 있게 살아 보고 싶어서,

끝없이 도전하고 새로운 희망을 찾아내는 그의 진정성을 깊숙이

들여다보고 싶어서입니다.

소통 그리고 희망.

봉하마을에서 우리가 얻고 싶은, 혹은 한아름 얻고 돌아가는
선물은 바로 이것입니다. 마음을 나눈다는 것, 이야기를 들어준다는
것, 그리고 내 마음을 이야기한다는 것, 바로 그 소통의 힘이
결국은 새로운 희망으로 이어진다는 것을 그 작은 마을에서 배웁니다.
희망 하나면 되지 않을까요? 그것 하나면 살아갈 힘이 저절로
얻어지겠지요.

봉하마을에서 만난 사람들, 봉하마을을 찾아온 사람들 몇몇을
만나보았습니다. 그리고 그들의 소박한 진심도 들어보았습니다.
그들과의 인터뷰를 통해 이제부터 하나씩, 봉하마을이
수천수만의 사람들로 북적거리는 이유들을 찾아볼까 합니다.

촛불집회에서 못 다 푼 뜨거운 염원,
이곳에 내려놓고 돌아갑니다

서울시 강서구 화곡동 강명석 씨(35세)

저는 대한민국을 사랑하는 지극히 평범한 남자입니다. 아침이면 어김없이 출근해서 야근을 반복하는 고단한 가장이지요. 먹고 살기 위해서 집사람마저 일터로 나가는 탓에 아직 어린 우리 두 아이는 놀이방으로, 학원으로 전전해야 하지요. 따뜻한 엄마의 손길, 자상한 아빠의 정이 그리운 아이들이지만, 녀석들과 놀아 주는 일이란 고작 일주일에 한두 번입니다. 아이들 잠든 얼굴을 보고 누웠다가 여전히 자고 있는 얼굴만 쓰다듬고 회사로 나서야 하는 야속한 아빠이기도 합니다.

내 집 하나 장만해 보겠다고 허리띠를 졸라매는 아내가 안쓰럽지만, 해줄 수 있는 게 별로 없는 무심한 남편이기도 합니다. 그렇지만 저희 부부는 아이들에 대한 희망 하나로 살지요. 이 녀석들을 건강하고 밝게, 아무 탈 없이 잘 키워낼 수만 있다면 이만한 고생쯤은 아무 것도 아니라고 서로를 위로해 줍니다.

지난 한 달, 저는 마치 무엇엔가 이끌린 사람처럼 촛불집회 현장에 서 있었습니다. 부자가 되어 보겠다는 욕심 같은 것은 가져 본 적도 없고, 무슨 대단한 성공을 이루겠다는 허황된 기대도 없는 일상, 그저 하루하루 열심히 사는 우리 같은 서민들에게는 다른 무엇도 아닌 이 나라가 기댈 언덕이고, 그늘입니다. 국가가 국민에게 일일이 무엇을 해줘야 한다고 생각하지는 않지만, 적어도 국민들의 건강과 안전을 위해 뛰고, 때로는 국민들의 목소리를 겸허하게 수용해 줄 수 있는 것이 진정한 국가의 몫이라 여기며 살았지요.

'부자 아빠'가 좋지만 아이들이 진정으로 원하는 것은 '좋은 아빠'가 아닐까요? 돈 많고 힘 있는 아빠만이 줄 수 있는 것도 분명히 있겠지만, 아이들에게 더 필요한 것은 존중해 주고 사랑을 주는 아빠일 것입니다. 국민에게는 국가도 그러한 존재라고 생각합니다. 배부르고 등 따뜻하게 해주는 부자 국가는 못 되어도 국민의 목소리를 들어주고, 국민의 뜻을 존중해 주는 국가라면 더 큰 욕심은 부리지 않을 테니까요.

정부가 그렇게 몸서리치는 '촛불집회'는 그렇게 시작되었을 것입니다. 우리의 목소리를 들어 달라는 염원, 바로 그것이었겠지요. 그래서 '내 나라인데 국민들의 목소리를 열심히 들어주기는 하겠지'라고 기대하며 한 사람씩 한 사람씩 촛불을 들고 거리로 나왔을 것입니다.

그런데 '내 나라'는 그 모든 의지를 도전으로 받아들였던 모양입니다. 국민들은 그저 말을 걸고 싶었을 뿐인데, 싸움을 거는 것으로 해석했던 모양이지요. 내 나라가 막힌 벽이 되어 돌아오자 국민들은 비로소 오기가 발동했겠지요. 싸움을 걸고 싶은 마음이 생겼을 수도 있을 것 같습니다.

대학 시절에도 그 흔한 데모 한 번 제대로 해보지 않았던 제가 촛불집회로 뛰쳐나갈 용기를 냈던 것은 저의 아이들, 제겐 유일한 희망인 그 아이들에게 건강한 미래를 주고 싶었기 때문입니다. 여당도 좋고 야당도 좋으니, 우파도 좋고 좌파도 좋으니, 우리 아이들을 안심하고 키울 수 있는 환경을 만들어 달라고 말하고 싶었습니다. 그런 생각으로 나갔지만 물벼락만 맞고 돌아왔지요. 물대포를 쏘아대는 정부를 보면서 '믿을 만한 아버지는 아니구나!' 하는 허탈한 마음만 커지면서 자꾸 오기가 생기더군요. 대들고 싶어진 거지요. 그래서 자꾸자꾸 그곳으로 발길이 향했습니다. 약이 올라서 말입니다.

봉하마을에 오면서 대단한 무엇을 기대하지는 않았습니다. 이미 퇴임한 노 전 대통령이 정부를 대신해서 쇠고기 문제를 풀어 줄 것이라는 생각은 아예 하지도 않았습니다. 속이 너무 답답해서, 말 들어주지 않는 이 나라가 야속해서 괜히 한 번 떠나 본 길이었으니까요.

노 전 대통령을 찾은 몇몇 사람들의 입에서 미국산 쇠고기와 관련한 질문들이 나왔지만, 노 전 대통령은 그저 웃었습니다. 무슨 말을 할 수 있었겠습니까? 농사지으며 살겠다고 고향 땅에 정착한 이가 그 민감한 사안 앞에서 무엇을 말한다는 것은 불편한 일이겠지요.

게다가 미국산 쇠고기 문제는 노 전 대통령의 재임 기간부터 이미 화두가 되었던 일이니…… 이제 와서 새삼 무슨 말을 건넬 수 있겠습니까.

이렇다 할 아무런 답변도 듣지 못했지만, 이상하게도 제 마음은 시원

해졌습니다. 마음속에 뭉쳐 있던 응어리들이 모두 풀어진 것만 같은 착각이 들었지요. 왜냐하면 내 말을 들어주고, 고개를 끄덕여 주는 대상이 있었기 때문입니다. 대안을 제시하지는 못해도 '아! 이 사람은 내 편이구나.' 하는 생각이 들도록 마음을 열어 주는 그분의 모습이 얼마나 고마웠는지 모릅니다.

'사람과 사람이 손잡고 사는 것처럼, 나라와 국민이 뜻을 모아서 함께 갈 수 있기를…….' 봉하마을에서 돌아오는 길, 조금 가벼워진 마음 안에 담겼던 생각입니다.

국민의 모습으로 돌아온 사람……
대한민국의 밝은 미래가 보입니다

서울시 은평구 응암동 김태섭 씨(32세)

결혼을 하고도 좀처럼 둘이 여행할 시간 같은 것은 생각도 못하고 살았습니다. 왜 그렇게 바쁜지…… 살다 보니 도무지 짬이 나질 않더군요. 그런데 얼마 전, 처음으로 여유가 생겨 큰맘 먹고 여행 계획을 세웠습니다. 어디가 좋을까 머리를 맞대고 고민했죠. 결혼 후 첫 여행이라 나름대로 의미 있는 곳을 찾아 떠나고 싶었어요. 그때 문득 떠오른 곳이 봉하마을이었습니다.

언젠가 한 신문에서 봉하마을에 관한 기사를 본 적이 있었습니다. 신문에는 봉하마을에 있는 노무현 전 대통령의 사저가 일종의 아방궁인 것처럼 묘사되어 있더군요. 퇴임 대통령이 귀향을 한다기에 나름대로 의미 있는 결정이라고 생각했었는데, 그것이 호화판 시골 생활이라면 이야기는 좀 달라지는 거죠. 직접 한 번 보고 싶다는 생각이 들었습니다. 그래서 부산을 거쳐 봉하마을에 다녀오는 여행 계획을 잡게 되었습니다.

가면서 상상을 해보았습니다. 아름드리 숲으로 난 길을 따라 한참 걸어가면 나타나는 아치형 철제 대문, 그 안으로 보이는 넓은 정원과 조각상들, 섬세한 입체 세공으로 구성된 파사드……. 마치 영화에 나올 법한 그런 유럽식 대저택을 떠올렸던 것이지요. 노무현이라는 사람과 호화판 생활은 어쩐지 어울리지 않는다는 생각을 머릿속에서 떨쳐 버릴 수 없었습니다.

봉하마을에 도착한 순간, 제 상상이 얼마나 가당치 않았는지 곧 깨닫게 되었습니다. 그저 지극히 평범해 보이는 전원주택 하나가 제 눈앞에 펼쳐졌기 때문입니다. 솔직히 말씀드리면 노 전 대통령의 사저는 저의 처가댁보다 못한 수준이었습니다. 이보다 더 호화로운 저택을 짓고 사는 사람들이 수두룩한데, 어째서 이런 집이 비난의 대상이 되었을까요?

봉하마을은 저와 아내에게 놀라움을 안겨 주었습니다. 가장 큰 볼거리는 역시 물밀듯이 밀려드는 사람들이었습니다. 저희는 생가 앞 감나무 밑에 앉아 꽤 오랫동안 사람들을 구경했습니다. 저 많은 사람들이 도대체 무슨 이유로 이곳을 찾아왔는지 궁금해지더군요. 아마 저와 비슷한 이유로 이곳을 찾은 사람도 있겠죠. 그렇다면 신문에서 말하던 내용이 사실과 다르다는 것을 곧 알게 되었을 겁니다.

만남의 광장 앞에는 노 전 대통령이 1시 30분에 나오실 거라는 안내문이 붙어 있었습니다. 시계를 보니 얼추 1시간 정도 기다려야겠더군요. 여기 오기 전에는 노 전 대통령을 보게 되면 보고, 아니면 말고 그런 마음이었습니다. 그런데 막상 와서 사람들의 열기 속에 있다 보니 노 전 대통령을 꼭 한 번 만나보고 싶다는 생각이 들더군요. 그래서 저와 아내는 근처를 배회하며 기다렸습니다. 사람들 얼굴을 보니, 하나같이 설렘이 가득한 표정을 짓고 있어서 참 묘한 기분이 들었습니다. 무엇을 기다리는 걸까? 저렇듯 한결같은 얼굴로 기대하고 있는 것은 과연 무엇일까? 그런 생각이 들었던 거지요. 약속된 시간이 가까워 오자 흩어져 있던 사람들이 어디선가 삼삼오오 모여들기 시작했습니다. 그리고 다함께 '대통령님! 나와 주세요.'를 외쳤습니다. 다른 사람들과 함께 노무현 대통령 이름을 목청껏 부르다 보니 야릇한 느낌이 들었습니다. 내가 원하는 것을 누군가와 한목소리로 외친다는 건 정말 아름다운 일이었으니까요. 이런 경험, 정말 오랜만이었습니다. 이윽고 노 전 대통령이 걸어 나오자, 사람들이 환호성을 질러댔습니다. 이상하리만치 감동적인 느낌으로 다가왔습니다.

밀짚모자를 쓰고 나타나신 노 전 대통령은 영락없는 농부의 모습이었습니다. 그분을 보는 순간 저도 모르게 가슴이 뭉클했습니다. 퇴임한 대통령을 직접 대면하는 일 같은 것은 단 한 번도 상상해 본 적이 없었습니다. 게다가 유유자적하는 은자의 모습이 아니라, 땀 흘려 일하는 구릿빛 모습이라니요. 역대 대통령들은 모두 저 같은 소시민에게는 '가까이 하기엔 너무 먼 당신'이 아니었던가요. 그들은 평생을 살면서 제가 도무지 만날 수 없는, 제가 범접할 수 없는 세상에 살고 있는 분들이 아니던가요. 그러나 노 전 대통령은 우리와 다른 세상에 살고 있지 않았습니다. 그분은 우리가 사는 세상, 그 중심에 두 다리를 놓고 우리와 함께 어깨를 나란히 한 채 서 있는 한 사람의 국민이었습니다. 고된 하루, 성실하게 노력하는 일상 같은 공통점이 느껴졌다고나 할까요.

사람들은 너나할 것 없이 속마음을 털어놓았습니다. 쇠고기 문제로 질타를 받고 있는 현 정권에 대한 불만을 쏟아놓는 이도 있고, 환경 문제에 대한 질문을 던지는 이도 있었습니다. 아예 작정하고 찾아온 모양인지 취직 좀 시켜 달라고 귀여운 떼를 쓰는 가장도 보았습니다.

그 모든 사람들의 말에 재치 있게 답변하는 노 전 대통령 덕분에 그 자리는 시종일관 웃음바다였습니다. 이유 없이 기뻤습니다. 노 전 대통령에게서 느껴지던 사람 냄새, 땀 냄새가 그렇게 반가울 수가 없었습니다. 재임 기간 중에는 원망도 참 많이 했는데, 그분을 직접 만난 그 순간, 가슴 한편에 기대와 희망이 채워지더군요. '대한민국이 달라지고 있구나, 틈만 나면 미래가 불투명하다고 볼멘소리를 했던 우리나라도 저렇듯 깨어 있는 국가원로가 있으니 어둡지만은 않구나!' 하는 그런 느낌이 밀려오더군요.

저희 부부는 봉하마을 입구에 있는 테마 식당에서 국밥을 한 그릇씩 뚝딱 비운 후 차에 올랐습니다. 국밥 한 그릇이 그렇게 맛있게 느껴졌던 것도 모두 희망 덕분이었던 것 같습니다. 결혼 후 첫 여행지로 봉하마을을 선택했던 것은 참 잘한 일이었습니다.

그분의 따뜻한 악수가
제겐 커다란 위로가 되었습니다

경기도 부천시 원미구 원미동 박인철 씨(41세)

실직한 지 2년째로 접어듭니다. 일자리를 찾기 위해 나름대로 애써보았지만 쉽지 않았습니다. 그러다 보니 느는 건 담배밖에 없더군요. 어떤 날은 하루에 두 갑이나……. 가족들의 원성이 높아졌지만 들리지 않았습니다. 하루 종일 방안에 웅크리고 앉아서 담배만 피워대는 일상이었습니다.

부모님 산소에 갔던 길에 집사람이 느닷없이 봉하마을 이야기를 꺼냈습니다. 엄마와 미리 입을 맞췄던 모양인지 아이들도 대통령님을 보러 가자고 성화를 하더군요. 별로 내키진 않았지만 애들이 하도 가고 싶다고 해서 집사람과 애들 뒤를 따라나섰습니다.

그런데 웬걸. 사람이 그렇게 많을 줄은 상상도 못했습니다. 어느새 관광지가 됐는지 임시 주차장과 이정표에 안내센터까지……. 전직 대통령의 거처가 관광지가 될 수 있다는 생각은 해본 적도 없는데 말입니다. 북적거리는 사람들에 치이다 보니 처음엔 괜히 왔다는 생각에 짜증이 나기도 했습니다. 뭘 볼 게 있다고 여기까지 따라왔나 싶어서 제 자신이 좀 한심하게 느껴지기도 했습니다.

그런데 운이 좋았는지 도착한지 10분도 안 돼서 노무현 대통령을 봤지 뭡니까. 애들이 소리를 지르고 야단이었습니다. 게다가 노 전 대통령과 악수를 나누고 사진까지 찍게 됐답니다. 이거 참! 제가 전직 대통령과 어깨를 나란히 맞대고 사진을 찍게 될 줄이야……. 뭔가 큰 상을 받은 그런 기분이었습니다.

  우리 집사람은 그럴 줄 알았으면 옷 좀 잘 차려입고 올 걸 그랬다고 합니다. 우리 딸과 아들은 사진 찾으면 친구들에게 자랑하겠다고 난리였습니다. 오랜만에 가족들이 활짝 웃는 모습을 보니 저도 기분이 좋아졌습니다. 그리고 그동안 일이 잘 안 풀린다는 이유로 가족들에게 신경을 써주지 못한 것이 무척 미안했습니다. 안 된다고 낙담만 할 게 아니라 긍정적으로 생각하자, 자꾸 안 된다 안 된다 하면 되는 일도 안 되는 법이다, 그런 생각도 들었습니다.

  노무현 전 대통령의 모습을 보면서 삶이란 정체되지 않고 움직이는 것이라는 확신이 들었습니다. 영원한 부귀영화가 없는 것처럼 끝나지 않는 불운도 없는 것임을 말입니다. 불운을 딛고 일어나면 행운을 만나게 되는 것, 그것이 인생이겠지요. 발상의 전환이라는 게 이렇듯 마음먹기에 달려있는데 왜 그걸 진작 깨닫지 못했을까요. 이제라도 가족들이 전적으로 믿고 의지할 수 있는 가장이 되어야겠다는 결심이 섭니다. 더 이상 절망하는 남편의 모습, 못난 아버지의 모습은 보이지 않겠습니다.

  노 전 대통령과 나누었던 따뜻한 악수, 한 장의 기념사진이 제게 이런 위로와 위안이 될 줄은 진정 몰랐습니다. 노 전 대통령의 손길은 잘할 수 있다고, 잘 될 거라고…… 등 두드려 주고 용기를 주는 값진 선물이었습니다.

　아마 아이들은 제가 이런 마음이 들 거라는 걸 미리 알고 있었던 모양입니다. 그래서 저를 이곳으로 데려온 게 아닐까요. 아빠에게 활력을 불어넣기 위해서…….

　믿음직한 가장이 되기 위해 가장 먼저 가족들이 싫어하는 담배부터 끊어야겠습니다. 그렇게 하나씩 달라지는 제 모습을 보여주고 싶습니다.

노무현 전 대통령의 사저 앞에 설치된 게시판 그리고 사람들.

빽 없고 돈 없는 부모 둔 내 새끼, 대통령님 좋은 기운 물려줄라요!

전남 순천시 장천동 양순자 씨(52세)

시방 봉화사로 가는 길이요. 노무현 대통령 어머님이 그 절에서 치성을 드렸다니께 내도 한 번 가볼라요. 내가 말이여. 자식 안 생겨서 엄청 속 썩었제. 서른도 한참 넘어서 본 늦둥이 딸년이 내년이면 고3이 되는데, 그 절에 가서 기도 좀 하려고 그라제. 혹시 안당가? 어미 치성에 복이 내려서 원하는 대학에 척 붙게 될지…….

노 대통령 어머님도 자식들 공부시키려고 읍내까지 나가서 고구마순 팔아 학비를 댔다대. 아따, 부모 맘이 다 그런 것 아니것소. 우리 같은 사람들이 자식들헌티 뭐 해줄 게 있간디. 돈이 있나, 빽이 있나, 입에 풀칠하고 살기도 힘든디 그저 사랑하는 맴으로 기도나 해야제.

흰 장갑 보이요? 아까 나가 요놈 끼고 노무현 대통령이랑 악수했당께. 사람이 말이지라, 어떤 놈은 좋은 기운을 갖고 있고, 어떤 놈은 나쁜 기운을 갖고 있는 법인디, 아따 노무현 대통령이야 당연히 좋은 기운을 갖고 있지 않것소. 대학도 못 간 양반이 독학으로 사법시험 패스하고 대통령까지 됐으니 진짜 대단허지 않소? 내가 악수허면서 그 기운 좀 얻었응께 봉화사 들렀다 퍼뜩 집에 가서 우리 딸년헌티 전해야지요.

오매, 썩을 년. 이런 부모 심정을 알기나 하는지 모르것소. 하긴 지가 자식 낳아봐야 알지 어찌 알것소. 그럼 나 바빠서 이만 가야쓰것소.

퇴임 대통령의 땀과 열정에서
변화와 혁신을 배웠습니다

전남 여수시 쌍봉동 한택수 · 김정란 부부(38세 · 32세)

꼭 한 번 와보고 싶었는데, 오늘 드디어 봉하마을을 찾았습니다. 사실, 유명인이 지방에 정착하는 경우는 거의 없잖아요. 저희 같은 일반인들도 대도시에 살려고만 하지, 어디 이렇게 작은 시골에 살려고 하나요? 아무래도 서울 같은 대도시가 성공의 좌표라고 생각하기 때문이겠지요. 나이가 들어서 은퇴했을 때도 중심지에 살아야 낙오되지 않는다고 생각하지요.

그런데 노무현 대통령은 그렇지가 않아서 참 뜻밖이었어요. 봉하마을이 김해에서도 아주 외진 곳인데, 아무리 고향이라고 해도 이곳에서 노후를 보내기로 생각했다는 건 큰 결단이었을 것 같아요. 무엇보다 그런 점에서 노무현 대통령 내외분의 선택에 존경심을 갖게 되더군요.

저희 부부는 둘 다 여수 산업공단에서 일합니다. 그런데 요즘 둘 다 회사에서 엄청 스트레스를 받고 있어요. 혁신 프로젝트다 뭐다 해서 자기계발도 열심히 해야 하고, 동료들 간에도 경쟁이 아주 치열하거든요. 변화, 도전, 창의성 뭐 이런 번잡한 말들을 귀에 못이 박히도록 듣고 있죠. 정말 좋은 말이고 잘 살기 위해 꼭 필요한 말이지만, 그다지 현실적으로 다가오지는 않았어요. 그저 귀찮고 번거로운 일이라는 생각만 들었을 뿐이죠. 그런데 여기 와서 생각이 달라졌습니다. 노무현 전 대통령이야말로 변화와 혁신을 일으키는 분 같아요. 다른 대통령들 사는 것처럼 뒷짐 짓고 편안히 노후를 보내실 수도 있었을 텐데 농사에 환경운동에…… 진정으로 노력하는 모습을 보이시니까요. 오리농법으로 농사를 지으신다는 데, 정치하시던 분이 낙향해 농사를 짓는다는 것 자체가 참 획기적인 발 상이잖아요. 그리고 단지 생각만 하는 것이 아니라 그 생각을 실행에 옮 기기 위해서 공부하고 노력하시는 모습을 보니 감탄이 절로 나왔습니다.

반성도 하고, 용기도 얻었습니다. 노 전 대통령은 생소한 분야에 뛰어 드셨지만, 저희는 늘 하던 일을 반복하면서도 힘겨워 하고 있으니 말이 에요. 노 전 대통령을 본보기로 삼아서 저희도 한 번 시원하게 변해 볼 작정입니다.

연밭에서 작업중인 자원봉사자들을 격려하는 노 전 대통령.

우리 마을에도 현직 대통령 생가가 있는데…… 비교 좀 해보려고 왔습니다

경남 포항시 남구 지곡동 김철용 씨(66세)

저는 포항에 사는 김철용이라고 합니다. 제가 사는 포항 한쪽 덕실마을에도 이명박 대통령님의 생가가 있습니다. 고향 사람 정이라는 게 워낙 유별나게 깊은 것이어서 지난번 선거에서도 이명박 대통령을 찍지 않았습니까. 우리 막내아들이 학교 졸업한지가 언젠데 아직도 취직을 못했습니다. 그런데 이명박 대통령이 실업자들 일자리 많이 주겠다고 해서, 그래서 찍어 줬습니다.

사실 덕실마을이 집에서 퍽 가까운 편이라 저도 한 번 가봤습니다. 거기도 사람들이 많이 찾는 관광지가 되었지요. 외국 사람은 아직 못 봤지만, 중국말이랑 미국말로 된 입간판도 있습니다. 악수하는 모양으로 사진 찍는 곳도 있어서 저도 그 앞에서 한 장 박았습니다.

그런데 여기 봉하마을 와서 깜짝 놀랐습니다. 그다지 볼 것 없기는 덕실마을이나 봉하마을이나 매한가지인데, 이상하게 여기 봉하마을은 사방이 탁 트인 게 시원하게 느껴집니다. 거기다가 노무현 전 대통령이 무슨 생태마을인가 하는 걸 만든다고 하니 그러면 지금보다 훨씬 더 좋아지겠지요?

특히 더 놀란 것은 많은 사람들 때문입니다. 관광버스 번호판도 영남, 호남 가릴 것 없이 아주 전국적이네요. 봉하마을 인기를 실감하겠습니다. 아, 그게 봉하마을 인기가 아니라 노무현 전 대통령 인기인가요? 조금 샘도 나네요.

　우리 덕실마을도 봉하마을 못지않게 인기가 있었으면 합니다. 부디 이명박 대통령께서 정치를 잘하셔서 덕실마을을 봉하마을 못지않은 명소로 만들어 주셨으면 좋겠습니다.

주차장을 방불케 하는 봉하마을 초입의 차량 행렬.

자꾸자꾸 오고 싶은 곳,
봉하마을 안내원이 되어버렸어요

경남 창원시 상동동 유재임 씨(22세)

저는 창원대학교 학생이에요. 노사모 회원은 아니지만, 전부터 노무현 전 대통령을 좋아했었죠. 노 대통령은 권위 의식이 없으셔서 무척 친근한 느낌을 주시잖아요. 고향으로 돌아오신 모습을 보니 좋아하는 마음이 더 커집니다. 참 잘하신 일인 것 같아요. 선산을 지키는 든든한 모습이 저 같은 젊은 사람들에게 교훈을 준다고나 할까요. 저는 이번이 봉하마을 네 번째 방문이에요. 제 남친은 두 번 방문했고요.

제가 이곳에 자주 오는 이유는 일종의 사명감 때문인데요, 친구나 친척들이 집에 놀러오면 관광을 겸해서 이곳으로 안내한답니다. 뭐랄까, 민간인 관광 가이드쯤으로 이해해 주세요. 봉하마을을 명소로 만드는 데 저도 일조하고 싶거든요.

사실 제가 처음부터 그랬던 건 아니에요. 제가 네 번 오는 동안 노짱을 딱 한 번 봤는데요, 그때 찍은 사진을 제 책상 앞에 붙여 놓았거든요. 그런데 그걸 본 사촌동생이 포토샵으로 합성한 거라고 우기잖아요. 그래서 그 사진이 합성이 아니란 걸 증명하기 위해서 동생을 봉하마을로 데려왔었죠. 여기 오면 진짜로 노짱 얼굴을 볼 수 있고, 함께 사진도 찍을 수 있으니까요.

그런데 올 때마다 보니까 사람들이 점점 더 늘어나데요. 우리 노짱 인기가 그만큼 높아지고 있다는 증거겠죠? 이쯤 되면 노짱도 스타 반열에

들 수 있을 것 같아요. 음, 연예인 스타와 다른 점이 있다면, 연예인들 집 앞엔 10대들이 모이는 반면 봉하마을엔 남녀노소 나이를 불문하고 다 모인다는 거죠. 그러니 노짱이야말로 진짜 공공의 스타가 아닐까요?

노짱이 임기 동안에 비난을 좀 받으셨잖아요. 그래서 속상했는데, 요즘은 맘이 좀 풀리고 있어요. 봉하마을에 오시는 분들이 노짱을 다시 보는 것 같아서요. 제가 존경하는 노짱이 더 많은 사람들에게 사랑받으셨으면 좋겠어요. 전 요즘 그런 마음으로 봉하마을에 온답니다. 앞으로도 친구들, 친척들 많이 데려올 거예요. 노짱 화이팅!

봉하마을은 체험 학습을 넘어선 희망 학습의 장입니다

대전광역시 중구 오류동 참빛복지관 어린이집 교사 서재영 씨(28세)

저희 어린이집 아이들 중에는 가정 형편이 어렵거나 편부·편모슬하에서 자라는 애들이 꽤 있습니다. 그 아이들에게 주눅 들지 말고 열심히 공부하라는 얘기를 늘 합니다. 그런데 그런 말 열 번 하는 것보다 대통령 생가에 와서 현장 교육을 하는 게 더 좋겠다는 생각이 들었습니다. 그래서 우리 아이들에게 꿈과 희망을 주기 위해 먼 곳에서 봉하마을까지 한걸음에 달려왔습니다.

생가 앞에서 아이들에게 이런 얘기를 했어요. "애들아, 노무현 전 대통령은 이렇게 누추한 곳에서 태어나 가난하게 자라셨지만, 열심히 공부해서 훌륭한 사람이 되셨단다. 너희들도 환경을 탓하지 말고 노력하면 언젠가는 꿈을 이룰 수 있단다."라고 말입니다. 아직 어린 아이들이 과연 제 마음을 알아줄까 싶었는데, 호기심 가득한 눈으로 생가를 살펴보는 모습을 보니 아마 진심이 통한 것 같습니다.

그리고 오늘은 전혀 예상하지 못했는데, 이곳에서 노무현 전 대통령님을 만나 뵙게 되어 무척 기뻤습니다. 아이들도 마찬가지였지요. 확실히 그냥 생가만 봤을 때와는 아이들의 눈빛이 아주 달랐습니다. 다들 신나는 표정이더군요. 봉하마을에 온 건 정말 탁월한 선택이었다는 생각이 듭니다.

우리 아이들이 크면 노무현 대통령을 기억할까요? 혹여나 생가에서 찍은 사진을 보며 여기가 어디였지 하면서 고개를 갸우뚱하지는 않을까요? 어쩌면 그런 아이들이 있을지도 모릅니다. 하지만 설사 노무현 대통령과 봉하마을의 생가를 잊어버린다고 해도 오늘 마음속에 품었던 꿈과 희망만큼은 결코 잊지 않을 거라고 생각합니다.

일곱 살인 경민이는 이제 동생들을 때리지 않을 거라 하고, 다섯 살인 한서는 커서 대통령이 되겠다고 하네요. 아이들의 꿈이 봉하마을에 와서 더욱 토실토실하게 영근 것 같습니다. 참 감사한 일입니다.

봉하마을을 찾은 유치원생들과의 만남.

나라님한테 막걸리 한 잔 따라 드릴라 캤는데……

부산광역시 사하구 하단2동 김순옥 · 양정자 · 이덕례 씨(59세 동갑)

저번에 지가 텔레비전에서 봉하마을 나오는 걸 봤심더. 사람들이 억수로 많습디더. 그래서 함 가보자고 우리 친구들 꼬드겼심더. (김순옥)

우리 셋이 동네 친군데 여기저기 같이 잘 놀러 댕깁니다. 저번에는 제주도에 있는 이승만 대통령 생가도 다녀왔습니다. (양정자)

이승만 대통령 생가야 제주도 가면서 그냥 들른 것이고, 여그는 노무현 대통령님 얼굴 보러 왔심더. 다른 대통령님들은 다 집안에 들어앉았는데, 노무현 대통령님은 그리 안 카데요. 나라님이 와서 보라고 하니 얼마나 좋습니꺼. 송구스럽지예. (이덕례)

맞심니더. 원래는 저 친구가 오기 싫다면서 무신 꽃구경 가자캤는데 그깟 꽃구경은 해서 뭐합니꺼? 나라님 얼굴 봐야제. 안 그렇습니꺼? (김순옥)

근데 대통령님 얼굴을 못 봐서 억수로 서운합니다. 부산에서 시외버스 타고 진양 터미널에 내려서, 또 진양에서 여기까지 택시타고 왔는데, 오늘은 안 나오실 모양입니다. 이따 갈 때 택시 타면 또 택시비 5천 원 줘야 하는데, 택시비만 만 원 들게 생겼습니다. (양정자)

지는 노무현 대통령님 팬 아입니꺼. 나라님은 배요, 백성은 물이다 카는 말이 있는데, 노무현 대통령님은 우리를 진짜 물로 보셨지 몹니꺼. 그 머라카나? 국민과의 대화던가, 사람들 모아놓고 얘기하는 거 잘하셨지 않습니꺼. 옛날 나라님들도 힘없는 백성들 얘기 들을라꼬 그 뭐라카나? 북 둥둥 치고 그라는 거……. (이덕례)

그거 신문고 아이가! 야, 근데 노무현 대통령이 우리를 물로 봤다카이 어째 말이 쫌 이상하데이. (김순옥)

"그랬노? 우야튼 노무현 대통령님은 참 소박하고 서민적이라서 좋심니더. 대통령 하실 때는 대통령스럽지 않다는 말도 들었는데, 지금은 그게 더 좋네예. 서민적인 성품이시니까 우리가 나라님 얼굴도 볼 수 있고 그런 거 아입니꺼? 지가 노무현 대통령님 만나몬 꼭 막걸리 한 잔 따라 드릴라 캤는데……. 담에 꼭 한 번 다시 올랍니더." (이덕례)

정치에 관심을 갖게 해준 나의 첫 대통령! 고맙습니다

경기도 수원시 팔달구 성은지 씨(32세)

정치 같은 건 아저씨들이나 하는 거라고 생각한 20대. 내 의지와는 상관없이 대통령이 나왔다가 사라지는 거라고……, 정치는 아주 먼 이야기라고 생각했었습니다. 그렇게 정치에 별 관심 없이 살다가 당시, 노무현 전 대통령 선거 때 네티즌들의 분위기에 휩쓸려 우리나라의 정치판을 한번 바꿔보자고 노무현 전 대통령을 뽑았습니다.

그 전에도 한 번의 선거 기회가 있었지만, 내심 투표하지 않는 것도 내 권리라고 생각했습니다. 뽑고 싶은 사람이 없다는 것이 이유였지만, 사실은 그만큼 관심이 없었다는 뜻도 되겠지요. 내 손으로 뽑은 사람이 대통령으로 당선되었고, 그때는 정말 나라가 곧 바뀔 거라고 생각했습니다. 정치인들이 서로 욕도 하지 않고, 치고받고 싸우지도 않고, 남들 보기에 창피하지도 않고, 서로서로 정치 현안에 대해서 진지하게 토론할 수 있는 그런 고대 그리스 시대의 정치판이 펼쳐질 거라고 말입니다. 그런 제가 얼마나 순진했었는지……, 인기가 얼마나 롤러코스터를 타는지 그 뒤로 온통 대통령 욕하기 대회에 나간 것 같더군요.

이제 와서 고백하지만, 남들이 욕할 때도 사실 그가 그렇게 밉지는 않았습니다. 사람들이 너무 지지해 주지 않는다고 생각했고, 저렇게 안 받쳐 주면 누구라도 억하심정이 들지 않을까 생각했습니다. 노사모도 아니건만 내가 뽑은 대통령이라 그런지 남들이 욕할 때 드러내놓고 편을 들지는 못하고 마음을 끓였습니다.

봉하마을은…… TV에서 보고 정말 큰맘 먹고 왔습니다. 아기가 생기기 전에 다녀와야지 했는데, 오히려 아기가 생긴 뒤에도 다시 와야겠어요. 서울에서 차로 4시간 이상 걸리는 이곳을 남편과 함께 달리면서 많은 이야기를 나누었습니다. 남편은 노무현 지지자가 아니었지만, 우리가 여기 오는 게 정치적인 행동으로 생각된다며 조금 흥분된다고 하더군요.

20대 때의 나에게 정치에 대한 조그마한 불씨를 심어 준 노무현 대통령이 이제, 30대의 나에게 성숙한 시민 의식을 갖게 해주는 것 같습니다. 퇴임 대통령으로서 새로운 정치의 패러다임을 묵묵하게 만들고 있는 그가 마음속으로부터 존경스럽습니다. 미국이나 유럽에서 전임 대통령이나 부통령들이 세계적으로 주목받고 있는 이슈를 만드는 것처럼, 노무현 전 대통령도 그렇게 해줬으면 좋겠습니다. 혹시 알아요? 퇴임한 전 대통령으로서 노벨 평화상을 받을지…….

애들아, 우리나라는 좋은 나라야!
엄마 말이 맞지?

서울시 도봉구 쌍문동 이은영 씨(38세)

남편이 하도 졸라서 그냥 한번 와 봤는데, 왜 이리 사람들이 많은지 당황스럽습니다. 요즘 정국이 안정되지 않아서 그런가 봐요. 다른 사람들 얘기 들어보니까 울릉도 같은 먼 섬에서도 찾아오고 그러던데, 쉬는 날 왜 여기 와서 이러고 있나 싶다가도 이 사람들도 나처럼 막연한 희망과 위로를 찾고 싶은 게 아닐까 하는 생각이 듭니다. 초등학교 1학년과 2학년인 두 아이를 데리고 이렇게 멀리 오기가 힘들거든요. 조금 전에 대통령님이 나오셔서 얘기하는 것도 봤어요. 아이들에게 보여주려고 시간 맞춰 왔거든요.

처음에는 대통령 보러가자고 해도 생가 처마 밑에 있는 제비집이랑 흙바닥에 그림 그리는 거에 열중하던 아이들이 사람들 환호 속에 나온 노무현 전 대통령을 보더니 멋지다고 하네요. 사람들이 질문하고 얘기하면 박수치고 웃고 하니까 공연장에 온 것 같다나요? 저도 꼭 유쾌한 스탠딩 쇼를 보는 듯한 기분이 들었습니다. 정치도 인생도 쇼 아닌가요? 이왕이면 잘해야죠. 대통령 자리에 있을 때는 너무 막말하는 거 아니냐는 반감을 갖게 했던 그 거침없는 말투와 입담, 소탈한 행동이 이제는 다 좋아 보입니다. 역시 사람은 간사한 동물인가 봐요.

어떤 사람이 "탄핵 때도 나가서 촛불 들고 막아줬는데…… 요즘은 밤에 잘 주무시나요?"라고 질문하더군요. 지금 여기 모인 사람들이 다 보통 사람이지만 모두 나라 걱정하는 국민들이구나 하고 깨달았습니다. 아이들이 무슨 말인지 궁금해 하면 일일이 이거는 무슨 뜻이다, 저거는 무슨 뜻이다 하면서 배경 설명까지 해주니까 의외로 잘 이해하고 알아들어요.

내 어린 시절 기억 속의 대통령들이 모두 독재자였다는 그런 씁쓸한 기억 대신, 아이들에게 신나고 유머 감각이 있는 그런 대통령으로 남았다는 거 하나만으로도 큰 소득인 것 같아요. 사실 잘한 것 보다는 잘못한 게 더 많이 기억나는 대통령이었긴 하지만, 도저히 싫어할 수 없는 인간적 매력이 있는 대통령이었던 것 같습니다.

오는 길에 살아있는 사람의 생가와 태몽, 유년 시절의 이야기가 적혀 있는 걸 보니 재미있기도 하지만, 우습기도 하더라고요. 여섯 살 때 천자문을 외웠다는 멘트를 보고 아이들이 보기도 싫다던 한자를 배우겠다고 서로 아우성이라 뿌듯해요. 아이들과 함께 플래카드와 캐리커처 사진이 있는 곳에서 기념사진을 찍고, 게시판에 아이들은 간신히 한 자씩 쓰고 여백이 없어서 저는 아무것도 쓰지 못하고 왔습니다.

"사대주의와 싸우느라 고생 많으셨습니다."
"조중동 거짓말 눈으로 확인했다!"
"노무현 대통령, 당신이 있었던 대한민국이 자랑스럽습니다."

게시판에 적힌 글들을 보니 괜히 마음이 짠해지네요. 여기서 찍은 사진을 보면서 나중에 아이들과 진지한 이야기를 해 볼 날이 오겠지요.

어려운 가정 형편, 그리고 학력의 불평등을 딛고 우리나라 최고의 자리에까지 오른 그분이 자라나는 아이들에게 살아있는 전설로, 가깝고 따뜻한 전설로 남았으면 좋겠습니다. 돈도 없고, 빽이 없어도 본인의 노력으로 잘 될 수 있는 그런 나라에서 아이들을 키우고 싶다고 생각해 왔거든요. 우리나라에 희망이 있다는 것을, 정치는 국민이 하는 것이라는 그런 이야기를 교과서가 아니라, 실제로 배울 수 있는 그런 곳이 여기였으면 합니다. 풀뿌리 민주주의를 배우게 하기 위해서 아이들과 꼭 다시 올 겁니다.

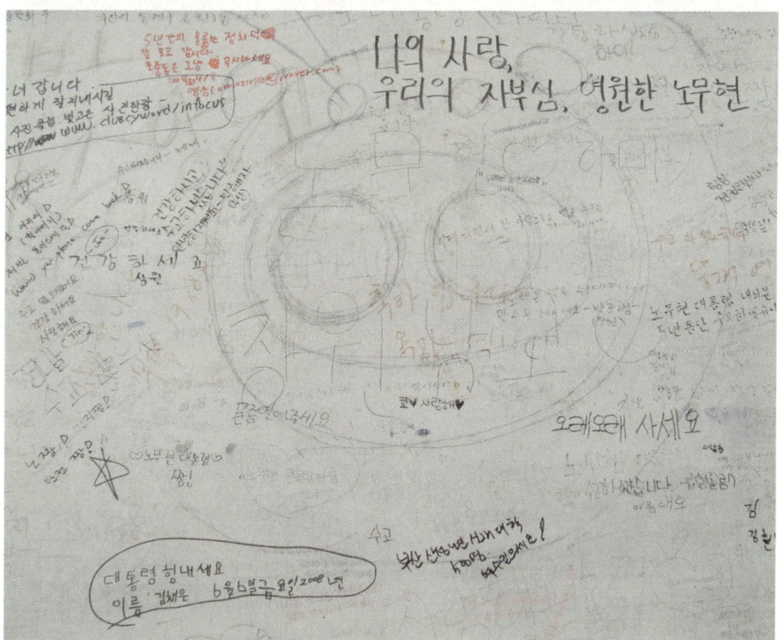

노 전 대통령에게 남기고 싶은 말들이 빼곡하게 적힌 사저 앞 게시판.

© 사람 사는 세상(www.knowhow.or.kr)

2
고향으로 돌아간 대통령

재임 시절, 그는 적잖이 지탄받던 대통령이었다. 샐러리맨에서 시작해 대기업은 물론 중소기업인, 시장통의 상인들까지 모두들 한 목소리로 노무현을 비난했다는 것을 이제와 아닌 척 할 수는 없는 노릇이다. 그런 그가 요즘은 초청한 적도 없는데 하루에도 수천 명씩 찾아오는 국민들 덕분에 '스타'로 떠올라 모노드라마를 펼치고 있다. '이 모든 것이 다 노무현 때문이다'라고 개탄하던 사람들이 뒤늦게 마음을 돌리고 '그때가 좋았다'라고 말하는 이유는 무엇일까? 오리농법을 도입해 친환경 농사를 지어보겠다고 팔 걷어붙인 남자 노무현. 지난한 정치판을 떠나 밀짚모자에 자전거를 타고 시골길을 누비는 자연인이 되어, 비로소 안락한 웃음을 되찾은 사람. 고향으로 돌아가 다시 처음부터 시작하는 그의 마음속에는 어떤 그림들이 담겨 있을까? 퇴임 대통령으로서는 처음으로 시골 마을에서 대문을 활짝 열어 놓고, 세상을 향해 말을 걸어오는…… 봉하마을의 그 사람이 궁금하다.

안녕하세요? 노무현입니다.

1만 개가 넘는 글을 보고 이제야 편지를 씁니다.

시간 나는 대로 이곳에 들어와 열심히 보고는 있지만,

그동안 답장 못해서 미안합니다.

집 청소하고, 짐 정리하느라고 정신이 없었습니다.

짐들 정돈하느라 한 손에는 이삿짐 들고,

한 손에는 걸레 들고 바쁘게 움직이고 있습니다.

동네 사람들과 인사도 나누어야 하고,

환영식 때 수고했던 분들에게 감사 인사도 드려야 하고,

할 일이 많은데 당장은 집안 정리하느라 겨를이 없습니다.

그리고 3월에는 이 홈페이지도

주제를 놓고 서로 활발하게 대화를 나눌 수 있는

시스템으로 바꾸려고 합니다.

이런 일로 바쁠 것 같기는 합니다만 틈틈이 소식을 전하겠습니다.

건강하세요.

"이제 나는
한 사람의 국민입니다"

공식 홈페이지 '사람 사는 세상(www.knowhow.or.kr)'에서 만난 노 전 대통령의 첫 편지다. 고향으로 돌아왔음을 알리는 신고식을 치른 후 며칠이 지나서 쓰인 이 편지 속에는 지난 5년간의 세월을 정리하는 그의 심정이 간략하게나마 담겨 있다. '한 손에는 이삿짐을 들고, 한 손에는 걸레를 들고…….' 이렇듯 그는 소탈하게 이제 막 시골 생활의 첫 단추를 끼우기 시작한 셈이다.

5년간의 임기를 끝내고 퇴임하던 지난 2월 25일, 서울역에서 '고속철도(KTX)'를 타고 귀향하는 노무현 전 대통령 내외를 환영하는 소박한 행사들이 준비되었다. 리무진도 세단도 아닌 열차를 타고 퇴임하는 대통령, 우리에겐 '신선한 충격'으로 다가왔다.

그가 도착한 밀양역이며 봉하마을 주변에는 '노무현 대통령님 내외분의 귀향을 진심으로 환영합니다' '노무현 대통령님 그동안 수고 많이 하셨습니다' 라는 문구가 적힌 현수막이 걸렸으며, 거리를 수놓은 노란색 풍선이 대통령의 귀향길을 반겼다. 무엇보다 전국 각지에서 찾아온 축하 인파로 축제 분위기가 한껏 고조됐다.

"잘했다는 사람도 있고, 못했다는 사람도 있고……. 그런 게 세상 아니겠습니까? 그래도 어쨌든 열심히 하고 왔습니다."

밀양역에서 잠시 가졌던 귀향 환영식 연설에서 그는 편안한 얼굴로

'……그런 게 세상 아니겠습니까?' 라고 말했다. 그 말 속에 담긴 비난과 칭찬의 세월이 단숨에 읽혀졌다. 재임 5년간의 회한이 묻어나던 그의 얼굴과 웃음 앞에서 사람들은 따뜻한 박수로 이제는 한 사람의 국민이 되어 돌아온 전 대통령을 진심으로 반겼다. 그런 사람들의 마음을 읽었는지 봉하마을에 첫발을 디딘 날 밤, 노 전 대통령도 자신의 환영회장에서 5년 동안 꽁꽁 달아 두었던 마음의 문을 활짝 열어 젖혔다.

"고향 사람들, 내보고 잘했다고 하는 사람들…… 이런 사람들과 함께 하는 귀향 보고 대회야말로 가장 행복한 순간입니다."

귀향, 32년 만에 비로소 다시 돌아온 고향. 언젠가 그가 말했던 것처럼, 그는 이제 고향에 정착하겠다는 결단을 통해 한 사람의 국민이 되어 보통 사람들 속으로 걸어 들어왔다. '봉하마을 주민이 되고 이웃집 할아버지, 아저씨가 된 것이다. 그는 그렇게 고향 사람들과 뒤엉킨 채 살고 있다.

그런데 예상을 초월한 일들이 벌어지고 있다. 퇴임한 대통령을 보기 위해 별로 볼 것도 없는 시골 마을에 인파가 몰리고, 노무현 전 대통령의 인기가 재임 시절보다 훨씬 더 올라갔다. 이런 현상에 대해 노 전 대통령 자신도 혼란스러운 모양인지 그는 "일할 때는 짜다라(많이) 욕해대더니 고향에서 노니까 좋아하데요."라고 말했다. 한 신문은 봉하마을 방문기를 기사화하면서 '잊을 때도 됐는데 생각나네' 라는 제목을 뽑아내기도 했다. 봉하마을을 찾는 이들의 심경을 단적으로 포착한 멋진 제목이 아닐 수 없다.

"사람들이 말로는 은퇴 후 시골에 살겠다고 하지만, 실제로 실천은 못 하는 형편입니다. 고향에 생활 기반 시설이 없어 엄두를 못 내는 것이지요. 저는 이제 아이들이 농촌에 와서 방학이나 휴가, 주말을 보낼 수 있도록 봉하마을을 그렇게 만들어 보려고 합니다."

봉하마을을 찾아온 자원봉사자들 앞에서 그가 했던 말이다. 그의 말은 서서히 현실화 되고 있는 중이다. 봉하마을을 찾아와 자원봉사를 하면서 휴일을 보내는 가족 단위 방문객들이 하나 둘 늘고 있기 때문이다. 물론 아직은 대부분이 '노사모' 회원들 위주로 돌아가고 있지만, 그것을 시작으로 귀향의 의미를 다시 쓰게 되리라는 분석이다.

찾아온 손님들을 맞고, 나무를 심거나 가지치기를 하고, 고향 사람들과 막걸리 잔을 기울이며 농담을 주고받는 퇴임 대통령. 평범한 시골 아저씨로 돌아간 '자연인 노무현'에게 열광하는 사람들을 보면서 떠오르는 단어 하나는 다름 아닌 '소통'이다.

소통.

그도 결국은 우리와 똑같은 '사람' 이라는 것을 보여주는 과감한 실천을 통해 너도나도 저절로 마음을 열게 된 까닭이다. 퇴임 후 여전히 높은 벽을 쌓아 놓고 숨어(?) 지내는 과거의 대통령들을 하나씩 돌이켜보면 노무현 전 대통령의 행보는 반갑기 그지없다. 고향 한 구석에 나무 집을 지어 놓고, 대문을 활짝 열어 찾아오는 손님들을 반기는……. 함께 사진을 찍고, 함께 뽕짝을 부르고, 막혀 있던 말문을 터놓고 가득을 활짝 열어젖힌 그는 소통의 힘으로 사람들을 끌어당기고 있다.

"대통령님, 나와 주세요!"

"대통령님, 보고 싶어요!"

노란 옷을 입은 유치원생들이 목청껏 외친다. 계모임 회원들과 함께 찾아온 중년 여인들도 입을 맞춰 가며 온힘을 다해 대통령님을 부른다. 휴일 한낮, 천여 명의 사람들이 모여서 대통령님을 부르고 있는 모습을 처음 보았던 날은 마음 한 구석에 뭉클한 감동이 일었다. 이윽고 노 전 대통령이 특유의 걸음걸이로 모습을 드러낸다.

"안녕하십니까? 여러분, 반갑습니다."

만면에 미소를 띤 채, 쓰고 있던 밀짚모자를 벗어 환호하는 방문객들에게 흔들며 보이며 반가움을 표시한다. 이제는 그의 트레이드마크가 된 옅은 회색 점퍼와 밀짚모자 차림은 시골 장터 어디에서나 만날 수 있는 순박한 농부의 모습과 흡사하다. 퇴임 후 다소 두툼해진 볼 살이 한결 여유롭게 느껴진다.

"여러분, 머리가 따끈따끈하시죠. 햇살이 따가운데 피할 그늘도 없고……. 마음 같아서는 좀 시원한 곳으로 모시고 싶습니다만…… 오신 분들이 천 명 정도만 되어도 일일이 악수라도 해드리는 건데, 사람들이 뒤엉키는 것도 문제고 해서……."

평일 방문객도 만만치 않지만 휴일이면 하루에도 대여섯 차례씩 불려 나와 방문객들을 맞이하고, 심지어 하루 열한 차례나 불려 나왔을 때도

귀향 이후 한 달이 가고, 석 달을 넘기고, 100일이 지나도록 봉하마을을 찾는
방문객 수는 좀처럼 줄어들 기미를 보이지 않고 있다. 귀향 후 2개월이
지난 2008년 4월 말에 25만 명을 넘어선 방문객 수는 7월 들어 50만 명을
훌쩍 넘어섰을 만큼, 시간이 지날수록 증가하는 추세를 보이고 있다.

있었다니 이젠 좀 귀찮아질 법도 한데……. 여전히 정겨운 대화와 인사
로 사람들과 소통한다. 서울, 부산 등 대도시는 물론, 전라도며 강원도,
저 멀리 제주도나 거제도 등 전국 각지에서 찾아오는 사람들에게 진심으
로 고마워 하는 표정이 물씬 묻어난다.

"뒷산과 봉화산에 장군차를 많이 심어 놨습니다. 차 맛이 썩 괜찮을 겁
니다. 앞으로는 차라도 대접해 드릴 수 있을 것 같습니다."

그런 소박함과 정겨움이 묻어나는 인사말 덕분에 따가운 햇살 아래 두
세 시간 이상 그의 얼굴을 보기 위해 기다린 방문객들의 얼굴에는 물결
처럼 잔잔한 미소가 퍼진다.

"우리 집사람은 유머가 없어서 관중들 앞에 나서지 못해요. 그 때문에
말주변이 좋아 인기 있는 저를 질투하곤 하지요."

때론 번득이는 유머와 해학으로 방문객들의 폭소를 유도한다. 제아무
리 서민으로 돌아왔다고는 해도 전직 대통령의 모습이라고 하기에는 너
무나 편안하다. 방문객들 사이에서는 최근의 여러 가지 복잡한 정치 현
안 문제들에 관한 민감한 질문이 나오기도 한다. 이럴 때조차 노 전 대통
령은 즉각적인 조치(?)를 취한다. 이른바 분위기를 바꾸는 화제 돌리기
작전이다.

"오늘은 제가 특별히 카메라 서비스를 해드리겠습니다."라고 말하며

방문객들 앞을 이리저리 옮겨 다니면서 포즈를 취해 주는 식이다. 밀짚모자를 벗고 손가락으로 V자까지 그려 보이는 그의 모습은 귀여운 악동 같다. 방문객들이 그리 많지 않은 날은 일일이 악수를 건네며 자상하게 안부를 묻는다 사람들이 너무 많아 엄두조차 내기 어려운 날에는 "사람들이 제 팔을 빼갈라캐서(빼 가려고 해서) 더 이상 악수는 안 되겠습니다."라며 서운한 방문객들을 달랜다.

귀향 이후 한 달이 가고, 석 달을 넘기고, 100일이 지나도록 봉하마을을 찾는 방문객 수는 좀처럼 줄어들 기미를 보이지 않고 있다. 귀향 후 2개월이 지난 2008년 4월 말에 25만 명을 넘어선 방문객 수는 7월 들어 50만 명을 훌쩍 넘어섰을 만큼, 시간이 지날수록 증가하는 추세를 보이고 있다. 노 전 대통령조차 "한 달 정도 지나면 방문객이 끊길 것이라고 생각했었다."라고 말했을 만큼, 그 누구도 예상하지 못했던 일이다.

"점심은커녕 차도 한 잔 못 드리고, 그렇다고 무슨 편의 시설이 있는 것도 아니고, 별로 볼 것도 없으니 손님들에게는 마냥 미안할 따름입니다. 그래서 악수도 해보고 사진도 찍어 드리려고 하는데, 이것도 안 됩니다. 사람들이 뒤엉키는 것도 문제지만, 일을 벌였다가는 하루 종일 아무 일도 할 수 없어 그렇게 하지도 못합니다."

인사치레로 건네는 노 전 대통령의 말처럼 편의 시설이 있는 것도 아니고 관광단지가 조성된 것도 아닌데, 자칫 하루 종일 아무 일도 하지 못하고 방문객들만 맞이해야 할 만큼 방문객들이 몰리는 이유는 무엇일까? 사람들은 왜 노 전 대통령을 그리워하고, 찾아가게 되는 것일까? 재임 시절 그의 인기도를 생각하면 임기 중에 그처럼 언론과 국민들의 지탄을 받았던 이도 찾아보기 어려웠으니 말이다. '국민을 상대로 막말하는 대통령' 이라는 최악의 평가까지 받았던 그가 새삼, 이렇게 놀라운 국민적 호응의 중심에 서 있다는 것은 아이러니가 아닐 수 없다.

역사상 가장 깨끗한 대통령, 스캔들이 없는 대통령, 고향으로 돌아간 대통령……. 지금의 현상에 대한 시각들은 다양하다. 그 중에서도 '귀향한 대통령' 이라는 말이 갖는 의미가 가장 크다고 여겨진다. 물론 노 전 대통령은 재임 시절부터 종종 귀향 계획을 밝혀 온 바 있다. 그는 차나무에 대해 관심을 갖고, 친환경 농법과 환경보존 활동을 구상하는 등 차근차근 귀향을 준비해 온 것으로 알려진다. 그럼에도 불구하고 퇴임과 동시에 그렇게 진정한 귀향을 하게 되리라는 것은 아무도 곧이곧대로 믿지 않았던 모양이다.

경남 진주시에서 찾아온 한 기초의원은 이렇게 말한다.

"우리나라 최초로 대통령이 귀향했기 때문 아닐까요? 대통령은 퇴임한 후에도 서울에 머물며 막후에서 정치적 영향력을 행사하는 경우가 대부분이었습니다. 대통령이라고 하면 퇴임 후 사저의 높은 담장 속에 몸을 숨긴 채 국민들과 격리되는 것이 보통이었는데, 시골 마을로 귀향해 담장을 낮추고 스스럼없이 국민들과 만나는 것 자체가 신선함으로 다가오는 것 같습니다."

부산에서 온 또 다른 방문객은 이렇게 해석했다.

"광복 60여 년이 지났지만 지금까지 국민들이 가까이 다가갈 수 있는 국가원로다운 국가원로가 없었습니다. 국민들은 국가원로를 찾아가 무슨 말이든 듣는 것만으로 어려움을 이길 수 있는 힘을 얻고, 카타르시스를 느낄 수 있을 텐데……. 국가원로들은 좀처럼 자리를 내주지 않았으니까요. 그들이 먼저 다가서는 일이란, 말 그대로 국민들이 필요할 때였죠. 자신들이 필요할 때만 국민들을 상대로 메시지를 전달했을 뿐, 이야기를 들어주거나 대화를 나누지는 않았습니다. 그런 갈증에 시달리던 국민들은 이제야 겨우, 늦게나마 여기 이 작은 봉하마을에서 그런 모습을 만나게 된 것이지요."

정치, 경제, 사회, 문화 각 방면에서 변곡점에 있는 2008년의 대한민국. 특별히 볼 것도 없는 한적한 시골 마을에 방문객들이 끊이지 않는 이유는 분명 있을 것이다. 그것이 최초로 귀향한 대통령이라는 상징성 때문이건 바람직한 국가원로로서의 모습 때문이건 모두 일리 있는 이야기라는 것도 맞는 말이다. 하루에 1천 명에서 1만 명까지, 꾸역꾸역 봉하마을로 밀려들고 있는 이유를 단순한 현상으로 치부하기는 어려울 것 같다.

왜냐하면 방문객들이 봉하마을에서 볼 수 있는 것은 고작해야 노 전 대통령의 생가와 사저 정도. 사저 뒤편에 위치한 봉화산이나 사자 형상을 띠고 있는 봉화산 사자바위는 대부분 그저 눈으로만 일별할 뿐 올라가는 경우는 드물다. 그나마 노 전 대통령을 만나고, 인사말을 듣기라도 한다면 다행이다. 설사 인사말을 듣더라도 봉하마을에 머무는 시간은 고작 30분에서 1시간 정도다. 그럼에도 불구하고 몇 시간 혹은 반나절 이상의 수고로움을 마다하지 않고 찾아오는 것을 보면 분명 무언가 하고 싶은 말이 있는 것이 분명해 보인다.

할 말이 많은 사람들, 그들은 오늘도 목젖까지 차오른 '하고 싶은 말'을 챙겨 들고 그 집 앞에 모여서 "대통령님, 나와 주세요!"를 외치고 있으니 말이다.

노무현 전 대통령 사저는
현대판 신문고?

봉하마을이 전국적인 관심을 보이기 시작하면서 한적하다 못해 고요하기까지 했던 이 작은 마을은 이제 그 어느 곳보다 떠들썩한 관광지로 변신하고 있다. 관광버스로, 승용차로, 심지어 자전거 방문객까지 마을로 몰려들면서 적어도 낮 시간에는 웬만한 관광지 이상으로 북적거리기 시작한 것이다. 순박하고 인심 좋은 마을사람들은 다소의 불편함에다 교통 체증마저 심각한데도 애써 생동감이 느껴져 좋다는 반응을 보이고 있다.

사정이 이렇다 보니 봉하마을은 다양한 이야기로 넘쳐 난다. 우선 노무현 전 대통령의 사저는 각종 민원을 호소하는 신문고로 변모하고 있다. 그냥 왔다가는 것만 해도 마음속의 민원이 해결되는 듯한 카타르시스를 느끼는 방문객도 있지만, 더러는 봉하마을과 사저 앞에서 구체적인 민원을 제시하며 해결해 줄 것을 요구하기도 한다.

지난 2008년 6월 1일 대전에서 왔다는 박모(39) 씨는 사저 앞에서 다짜고짜 노 전 대통령을 불러 줄 것을 요구했다. 면담이 무산되자 박 씨는 경비 관계자에게 "실직한지 2년이 다 됐지만 일자리를 구하지 못해 아내와 아이들이 집을 나갔다. 가족들과 함께 지내기 위해서는 재취업이 필요한데, 대통령을 지낸 분이라면 일자리 정도는 쉽게 구해 줄 것 같아서 찾아왔다."며 일자리를 요구하기도 했다. 사업을 하다 수십억 원의 사기를 당했다는 박모(45) 씨와 최모(52) 씨 등이 찾아와 사건 해결과 함께 돈을 되

노무현 전 대통령의 사저는 각종 민원을 호소하는 신문고로 변모하고 있다.
그냥 왔다가는 것만 해도 마음속의 민원이 해결되는 듯한 카타르시스를 느끼는
방문객도 있지만, 더러는 봉하마을과 사저 앞에서 구체적인 민원을 제시하며
해결해 줄 것을 요구하기도 한다.

찾아 달라고 요구하다 경비 관계자들의 제지를 받았던 일도 있었다.

미국산 쇠고기 수입 문제로 인해 전국적인 촛불집회가 최고조에 달했을 무렵에는 봉하마을을 찾는 방문객들의 수도 그만큼 늘었다. 방문객들은 노 전 대통령의 입에서 쇠고기 문제를 풀어 줄 수 있을만한 시원한 해결책을 기대하기도 했다. 하지만 "촛불집회가 이렇게 오래 지속될 줄은 나도 몰랐다(답답하지만 당장 제시할 만한 해결책은 없고 말할 입장도 못되니…….)"라는 말만 듣고 되돌아 갈 수밖에 없었다. 속 타는 방문객들은 노 전 대통령 사저 앞에서 현 정부를 비판하거나 사저 앞에 마련된 게시판에 쇠고기 해법을 요구하는 글을 남기도 했다. 이를 테면 노 전 대통령의 사저가 참여정부의 상징물처럼 변해 가고 있는 모양새다.

평일에는 어림잡아 1~3천 명, 휴일에는 1만 명이 넘는 방문객들이 몰리다 보니 방문객들을 겨냥한 상인들도 상당수 몰려들고 있는 실정이다. 특히 봉하마을 입구의 매점에서 노 전 대통령의 생가에 이르는 50여 미터, 폭 2미터의 통로에는 휴일이면 10여 개의 자판과 상인이 진을 친다. 상인들은 커피와 음료수, 아이스크림부터 간단한 요깃거리는 물론 더덕, 오가피, 칡 등 다양한 약재까지 판매하고 있다.

상인 가운데 더러는 무좀이나 습진에 즉효가 있다는 만병통치약, 솜사탕 같은 것을 가리지 않고 판매하고 있어 흡사 시골 장터를 연상하게 한

다. 물론 봉하마을 주민들도 예외는 아니어서 동네 할머니들이 손자들의 과자 값이라도 벌어 볼 요량으로 난전을 펴고 있는 상황이다. 마을 할머니들은 제철에 나는 각종 채소나 과일, 화훼나 분재도 내놓고 있다.

봉하마을 대통령 생가 안내소 관광해설사 김민정 씨는 이제 마을의 유명인사가 됐다. 대한민국에서 가장 바쁜 인물로 꼽아도 좋을 만큼 분주한 그녀는 지난 2003년 1월부터 봉하마을에서 근무하고 있는 터줏대감이다. CNN, ABC, NYT, NHK, BBC 등 국내외 유명 언론과의 인터뷰까지 도맡아 해왔던 장본인이다.

봉하마을 관광객들을 위한 관광안내센터.

봉하마을이 난 데 없는 관광지로 변신하게 되면서 때 아닌 호황을 누리고 있는 셈이다.

마을 입구에 위치한 국밥집도 봉하마을의 명물로 자리매김하게 되었다. 이 식당은 마을 부녀회장 김분옥 씨 등 다섯 아주머니들이 운영한다고 해서 일명 '오공주 식당'으로 불리고 있다. 오공주 식당은 2008년 2월 25일 노 전 대통령이 귀향하던 날, 외지 손님들에게 1만 그릇의 국밥을 무료로 대접하는 인심을 발휘한 이후, 방문객들의 시장기 해소를 위해 아예 상설 식당으로 자리를 잡게 된 경우다. 다섯 아주머니들은 제비뽑기로 별명까지 정했다는 후문이다. 할멈 김분옥, 아가씨 김명희, 공주 강덕순, 이쁜이 정애숙, 못난이 박은경……. 저절로 웃음이 고이는 별명이다. 쇠고기 국밥과 물국수로 시작해 이제는 아예 요리 학원까지 다니며 다양한 메뉴 개발에 열을 올리고 있다니, 노 전 대통령의 후원(?)을 톡톡히 입은 셈이다.

노 전 대통령과 봉하마을의 인기가 급상승하다 보니 이를 악용한 범죄도 심심찮게 발생하고 있다. 2008년 4월에는 노무현 전 대통령의 양아들과 비서관을 사칭하며 김해시 진영읍 봉하마을 일대에서 물의를 빚었던 이모(34) 씨가 경찰에 붙잡혔다. 이 씨는 노 전 대통령과의 친분을 사칭하며 친노 유령 단체인 참여사무국 명의로 후원금을 받으려다 적발됐다.

노무현 전 대통령의 사저.

　또 김해사랑청년회 명의로 1인당 5천 원만 내면 45인승 관광버스에 태워 봉하마을을 관광시켜 주고 쇠고기 국밥까지 제공한다는 사기 광고가 등장하기도 했다. 경찰 조사 결과, 이 광고는 한 여행사가 노무현 전 대통령의 고향 봉하마을이 새로운 여행지로 떠오르면서 여행 상품으로 개발할 목적으로 노 전 대통령에 대해 우호적인 호남 지역의 노인회와 산악회, 친목회 등에 1천여 통의 안내문을 보낸 것으로 밝혀졌다.

　노 전 대통령과의 친분을 사칭하며 후원을 요구하는 단체가 계속 늘어나자 노 전 대통령의 공식 홈페이지인 '사람 사는 세상(www.knowhow.or.kr)'은 '노 전 대통령 사칭 단체, 유의하시기 바랍니다' 라는 공지를 띄우기도 했다.

　뿐만 아니라 봉하마을은 신문과 방송 등 각종 언론사의 단골 출입 지역으로 탈바꿈했다. 이들은 우스갯소리로 '봉하대' 출입 기자라고 부를 정도다.

　봉하마을을 찾은 방문객들은 노 전 대통령을 만나보고, 사저와 생가를 둘러본다. 현대식 지하 1층, 지상 1층 2개 층 콘크리트 구조에 외벽을 나무로 장식한 사저에 대해서는 각양각색의 의견을 보인다. 대체로 위압적으로 솟구친 구조가 아니고 나지막한 구조여서 주변 자연환경과 잘 어울린다는 평가가 많다. 전직 대통령의 사저라고 해서 대단할 줄 알았는데

 전역하는 전경들을 격려하는 노 전 대통령.

그저 그렇다는 반응에서부터 더러는 이왕 귀향했으니 친환경적으로 기와나 황토집으로 지었더라면 더욱 좋았을 것이라는 견해를 보이기도 한다.

그러나 시골 마을에 어울리지 않는다는 지적도 없지 않다. 한 마을 주민은 "건축 초기부터 쭉 지켜봤는데, 지하를 상당히 깊숙이 파더라. 보기와는 달리 내부가 시골 마을에 어울리지 않을 만큼 대단하게 꾸며 놓은 것 같아 보인다."라고 말하기도 했다.

사저 경호를 위해 전경 1개 소대 병력 이상이 내려와 있는 실정이기도 하다. 밀착 경호는 청와대 경호실에서 하지만 전경들은 사저 주위를 돌면서 예측 가능한 위험을 예방하기 위해 애쓰고 있다. 전경들은 마을 주차장 옆 막사에서 숙식을 한다. 그들에게 유일한 휴식거리는 막사에 설치된 탁구대에서 탁구를 치는 것이다. 이런 상황을 알게 된 방문객들의 입에서는 "노 전 대통령이야 고향마을에 내려와 좋겠지만, 젊디젊은 전경들이 시골에 와서 고생한다."는 이야기도 흘러나온다.

물론 방문객들의 볼거리는 아무래도 노 전 대통령 자신이다. 노 전 대통령은 방문객들의 기대에 최대한 부응한다. 하루에도 대여섯 차례씩 방문객들 앞에 나선다. 휴일 낮 시간에는 길어야 한 시간 정도만 기다리면 집주인의 인사를 받을 수 있다.

방문객들은 노 전 대통령을 보고 다양한 반응을 보인다. 어느 70대 방문객은 노 전 대통령과 사진을 찍은 뒤 이제 죽어도 여한이 없다고 말했다. 30대 남성 방문객은 '나 같으면 이런 시골에서 갑갑해서 살지 못할 것'이라는 반응을 보였다.

전남 광주에서 왔다는 마흔 살의 전직 회사원은 "얼마 전 회사에서 '팽'을 당해 공허했던 차에 무현 형님을 뵙고 나니 마음이 다져진다."라고 말했다. 그는 "시골에서 그저 자서전이나 회고록 등을 집필하면서 편안하게 지내면 될 텐데 차 재배나 환경운동에 나서는 등 귀농한 농부 이상으로 바쁘게 움직이시는 것을 보니 무슨 일이든 해야 하겠다는 용기가 난다."라는 말을 덧붙이기도 했다.

노 전 대통령의 참여정부 시절에는 툭하면 '무조건 노무현 탓'이라고 욕을 퍼부었다는 30대 트럭 운전사는 "이제 와서 대통령 재임 시절의 공과는 거론할 것이 못 된다."라며 선을 그었다. 그는 "퇴임 후에 고향으로 귀향한 모습을 보니 좋아 보인다."라고 말했다.

노 전 대통령의 부산상고 후배라는 한 노신사는 "이제 우리나라도 존경 받을 만한 국가원로를 갖게 되었다. 국가 발전과 지역 사회의 발전을 위해 많은 활동을 해줬으면 좋겠다."라고 말하면서 "국가원로는 정치에 초연한 것이 좋겠다. 노 전 대통령이 현실 정치판에 개입하는 순간, 국가원로로서의 권위와 명예를 잃을 수도 있다."라는 말을 덧붙였다. 서울 동

대문시장에서 장사를 하고 있다는 30대 아주머니는 "아마 방문객 대부분이 현직 때 지지 여부와 상관없이 호기심에서 찾아오는 경우가 대부분일 겁니다. 도시에 사는 역대 퇴임 대통령과 달리, 시골에서 생활하는 모습을 볼 수 있는 게 좋은 거지요."라고 나름대로의 생각을 밝히기도 했다.

경호가 허술하다고 걱정하는 방문객을 만나기도 했다. 대전에서 왔다는 40대 남성은 "너무 많은 방문객을 꼭 만나야 한다는 사려 깊은 생각 때문에 퇴임한 지 얼마 되지도 않았는데, 경호가 지나치게 허술합니다. 방문객들을 조금 덜 만나도 다들 이해할 것입니다."라고 걱정 섞인 말을 건넸다. 다른 30대 방문객도 "개인적으로 노 전 대통령이 너무 무리하시지 않는 것이 좋겠습니다. 봉하마을을 찾아오시는 분들도 조금 자제했으면 하는 개인적인 바람입니다. 또한 방문객들을 맞는 횟수도 좀 더 줄였으면 합니다."라고 우려의 목소리를 내기도 했다.

노 전 대통령이 아직 할 일이 많다며 역할 확대론을 꺼내는 이들도 더러 있었다. 자신을 노사모 회원이라고 밝힌 방문객은 "5년 임기를 마치고 물러나 일개 촌부로 지내기에는 그동안 쌓아 온 역량이 아깝습니다. 우리나라 곳곳에 아직 낡은 제도와 법령이 곳곳에 널려 있어 건전한 발전에 걸림돌이 되고 있는 만큼, 보다 많은 역할을 해야 합니다."라고 말했다. 서울에서 왔다는 어느 대학생은 "우스개 소리지만 노 전 대통령의 모습이 방문객들에게 재롱을 피우는 동물원의 코끼리 같아 보이기도 합니다' 라고 겸연쩍게 말했다. 그는 한 걸음 더 나아가 "아직 왕성하게 활동해야 할 나이에 시골 마을에 안주하며 방문객들이나 맞는 모습은 보기에 좋지 않습니다. 보다 가치 있는 일을 하셨으면 합니다."라는 견해를 밝히기도 했다.

하지만 방문객들은 한 걸음 혹은 두 걸음 정도씩 저마다 현실에서는 멀찍이 물러나 있는 듯하다. 그곳이 광화문 광장도 국회 앞도 아닌 고향 마을 한 귀향인의 집 앞이기 때문일 것이다. 고향은 용광로다. 강기(剛氣)어린 사람들을 무장 해제시키는 보이지 않는 힘이 있다. 꽉 쥐었던 주먹을 펴게 하고, 목과 이마에 핏대를 세웠던 사람들의 어깨를 누그러뜨린다. 그래서 고향집 앞에서 만난 노 전 대통령이 그토록 유연하고 편안한 얼굴일 수 있는 것인지도 모르겠다.

역대 대통령들의 퇴임 이후
그리고 생가 이야기

노 전 대통령은 고향으로 귀향한 첫 대통령으로 알려진다. 그러나 귀향한 것으로만 따진다면 최규하 전 대통령이 먼저일 것이다. 최 전 대통령역시 퇴임 후 고향인 원주로 내려가 살았으니 말이다. 하지만 그는 노 전대통령과 달리, 그저 고향에 정착했을 뿐 특별한 활동은 하지 않고 지냈다. 게다가 당시는 5공 정부의 서슬이 시퍼렇게 살아 있던 시절이어서 특별한 관심이나 조명을 받지 못한 채 쓸쓸한 여생을 보낼 수밖에 없었다.

역대 대통령의 퇴임 이후를 지켜보면 역사의 질곡 때문인지 그 족적들이 잘 알려지지 않은 경우도 더러 있다. 더구나 다분히 의도적으로 은둔에 가까운 생활을 하는 것이 우리나라 대통령들의 퇴임 후 모습이라고해도 과언이 아니다. 전두환 대통령의 경우만 보더라도 재임 기간에는각 방송사 9시 뉴스에서 시보와 함께 대통령 동정에 관한 소식을 올리는바람에 '땡전(全) 뉴스'라는 유머가 나돌 정도로 활발한(?) 활동을 보였지만, 퇴임 후에는 전혀 딴 판이었다. 현역 때 매일 뉴스에 등장할 정도로대단한 업적을 쌓고 관심을 받았다면 퇴임 후에도 국민들의 관심이 이어지는 것이 당연한 것 아닌가. 그런데 그는 백담사를 시작으로 퇴임이후운둔에 가까운 생활을 하고 있다.

이처럼 퇴임 후가 퇴임 전과 정반대 되는 경우가 있는가 하면, 전직 대통령이란 위치에 걸맞지 않게 비운의 삶을 살다간 이들도 있어 안타까움을 남기고 있다. 자의가 아닌 타의에 의해 대통령직에 올랐다가 퇴임한 경우는 퇴임 후의 모습도 스스로 결정할 처지가 못 되었을 테니 이해 할 만하다. 그러나 대다수의 대통령들은 유한한 권력을 무한한 것으로 착각 했던 것은 아닐까 하는 생각이 든다. 재임 기간 동안 권좌에 안주했기 때문에 퇴임 후 존경받는 전직 대통령상을 만들어 내지는 못했다.

초대 이승만 대통령 역시 권력의 유한성을 직시하지 못했다는 것이 후세 역사 평론가들의 공통된 지적이다. 그는 하야와 함께 서울 종로구 이화동의 '이화장'에서 한 달간 머물다 하와이로 망명길에 올랐다. 1946년 1월부터 1948년 8월 경무대로 옮기기 전까지 2년 7개월, 1960년 4월 대통령직에서 물러난 후 하와이로 망명하기 직전의 1개월 동안 바로 이곳, 이전에는 인평대군이 살았던 이화장에서 살았다. 하야 후 정국 상황이 그를 국내에 오래 머물게 하지 못했던 터, 대통령 취임 전 생활 근거지가 미국 하와이였던 만큼 하야 후 하와이행은 어쩌면 처음부터 정해진 수순이었는 지도 모른다.

1948년 초대 대통령에 오른 그의 정치 여정을 살펴보면 1960년 4대 대통령에 당선됐으나 3.15 부정 선거로 4.19가 촉발되어 4.26 하야 성명을 내지 않을 수 없었던 상황이었다. 그는 국내에 많은 별장을 준비해 두었고, 이는 퇴임 후에 돌아가고자 하는 복안을 가졌던 것으로 보인다. 그렇지만 그와 자유당이 만들어 가고 있었던 정치 상황이 미칠 부작용과 파급력에 대해서는 간과했던 것으로 보인다.

빼어난 풍광을 자랑하는 강원도 속초 화진포 별장과 제주도 비자림 송당목장 인근 별장은 그가 하야와 함께 하와이로 이주하면서 한때 주인 없는 흉가로 버려지기도 했을 만큼, 그의 별장은 세인들의 기억에서조차 희미해져 갔다. 그저 화진포 별장 정도가 KBS 미니시리즈 '가을동화'의 촬영 장소로 알려지면서 이승만 전 대통령의 '화려했던 과거'가 잠시 부각되기도 했지만 말이다.

이승만 전 대통령은 하와이로 망명길에 오른지 5년 만인 1965년에 사망했다. 그는 여생의 마지막 5년을 프란체스카 여사의 병구완을 받으며 지냈다고 한다. 특이한 점은 그가 사망한 후 고향인 오스트리아 빈으로 떠났던 프란체스카 여사가 1970년에 다시 한국으로 돌아왔다는 것이다. 남편의 흔적을 잊지 못해서일까. 그녀는 남편의 사실상의 생가인 서울 이화장에서 양아들 이인수 가족과 함께 생활하면서 평범한 여생을 보냈다.

1960년 8월부터 1962년 3월까지 대한민국 4대 대통령으로서 이승만 대통령의 빈자리를 지켰던 이는 윤보선 대통령이었다. 4.19 이후에 수립된 제 2공화국은 헌법 개정을 통해 대통령 중심제에서 의원 내각제로 바뀌었다. 의원 내각제에서는 의회 다수당의 수장이 총리가 되어 행정을 책임지고, 대통령은 대외적인 국가원수 역할을 한다. 따라서 당시 다수 당인 민주당 신(新)파 수장인 장면이 총리가 되었고, 민주당 구(舊)파의 수장인 윤보선이 대통령이 되었다.

윤보선 전 대통령은 대통령직에서 물러난 뒤에도 창당 작업에 나서 총재를 맡는 등 활발한 정치 활동을 함에 따라 아예 향촌으로의 귀향은 생각조차 하지 않았다. 다만 충남 아산군 둔포면 신항리에 있는 그의 생가는 중요 민속자료 제 196호로 지정되어 현재까지 문화재청의 보호를 받고 있다. 한편 윤보선 대통령의 서울집인 서울 종로구 안국동 8번지는 고려말 충신 정몽주의 생가 터가 지척에 있는 등 예로부터 이름난 양반 거주지였다. 특히 조선 시대 맹사성 대감의 주택이 있어 예전에는 맹현골로 불렸다.

박정희 전 대통령의 생가는 경북 구미시 상모동 171번지이다. 800여 평 남짓한 생가는 초가인 사랑채와 분향소, 관리인이 거주하는 안채로 이뤄졌다. 박 전 대통령이 태어나서 1937년 대구사범학교를 졸업할 때까지 살았던 집이다.

군사 정권 교체기에 비운의 대통령이었던 최규하 전 대통령은 퇴임 이후, 원주시 봉산동에 거주하다 2006년 10월에 사망했다. 원주시는 한때 그의 생가를 복원할 계획을 세웠으나 실제 복원은 여러 가지 사정으로 이뤄지지 못한 것으로 알려져 있다. 그의 생가는 세인들의 뇌리에서 잊혀진 채 흔적마저 사라질 위기에 처해 있어 뜻있는 이들을 안타깝게 하고 있다.

경남 합천군 율곡면 내천리 외동과 내동마을의 중간에 생가를 두고 있는 전두환 전 대통령은 퇴임 이후 강원도 설악산 백담사로 거처를 옮겼다. 그는 3년간의 백담사 은둔 생활을 청산하고 대통령이 되기 전부터 살던 서울 연희동으로 거처를 옮겼다. 일부 언론에 따르면 전두환 전 대통령은 백담사 생활을 통해 천주교에서 불교로 개종한 것으로 알려진다. 1931년 출생한 전 대통령은 유년 시절은 합천에서 보냈으나 대구공고와 육사를 나온 뒤 대부분의 생활을 대구와 서울 등지에서 했던 까닭에 고향으로 귀향하지는 않았다. 그는 재임 시절, 88고속도로와 합천댐을 건설하는 등 고향인 경남 합천 지역의 발전을 위해 애정을 쏟았지만 귀향이라는 결단을 내리지는 못했던 셈이다.

노태우 전 대통령의 대구시 동구 신용동 생가는 2007년까지 관리자 없이 방치되다 얼마 전 대구 동구의회가 이를 문제 삼자, 대구 동구청에서 기부 받아 직접 관리하기로 했다. 김영삼 전 대통령의 경남 거제시 장목면 생가와 김대중 전 대통령의 전남 신안군 하의면 생가는 상당히 널리 알려져 이 지역에서는 주요 관광지로 사람을 모으고 있다.

경남 거제시 장목면 외포리 대계마을에 위치한 김영삼 전 대통령의 생가는 그가 13세까지 성장한 곳이다. 인근 대계마을 바닷가는 해변이 있어 찾는 이들의 휴식 공간이 되고 있다. 김 전 대통령의 생가는 가문 대대로 부잣집이었던 분위기를 쉽게 엿볼 수 있게 한다. 마치 사극에 등장하는 정승 판서들의 집처럼 높은 계단 위에 솟을 대문이 위용을 더한다.

김대중 전 대통령의 생가는 목포에서 두 시간 뱃길인 하의도 끝자락에 위치해 있다. 김대중 전 대통령 생가가 있는 마을을 바라보면 마치 거북이가 목을 길게 빼고 있는 형상으로 비쳐진다. 그곳에서 김 전 대통령 생가가 있는 곳은 거북이 머리 부분이다. 금거북이 진흙 밭으로 들어가는 금구몰니형(金龜沒泥形)으로 풍수가 매우 좋다고 알려진다. 집터는 마을 뒷산에서 내려온 능선 끝 부분에서 반달 모양의 언덕으로 둘러싸인 곳으로 1999년에 복원한 생가는 반달 모양의 한가운데 자리 잡고 있다.

전임 대통령들은 퇴임 후 고향으로 내려가지 않고, 대부분 자기 돈을 들여 원래 살던 서울 집을 조금씩 고쳐 입주했다.

김대중 전 대통령은 퇴임에 앞서 서울 마포구 동교동 1층짜리 자택을 2층 658㎡로 증·개축했다. 자택 바로 옆에 지인들 도움으로 지은 아태평화재단 건물은 2002년 연세대에 기증했다. 김 전 대통령과 연세대는 이를 2003년 '김대중도서관' 으로 개명했다.

김영삼 전 대통령도 서울 동작구 상도동 자택을 헐고 그 자리에 같은 규모의 새집을 지었다. 333㎡ 대지에 2층 287㎡ 규모다. 노태우, 전두환 전 대통령도 취임 전부터 살던 서울 서대문구 연희동 집을 증·개축하거나 수리해서 현재까지 살고 있다.

노 전 대통령이 태어난 생가.

미국 언론과 봉하마을

"Mr. President, please come out!" (대통령님, 나와 주세요!)

노무현 전 대통령과 봉하마을 이야기는 미국 언론에 의해서도 대대적으로 보도된 바 있다. 한국 뉴욕타임즈는 이례적으로 지난 4월 10일(현지시간) 많은 방문객들로 퇴임 후 인기를 누리고 있는 노 전 대통령과 봉하마을 분위기를 톱기사로 다뤘다. 미국 언론에서 한국 대통령의 퇴임 후 이야기를 다룬 것은 선례가 없었던 것으로 알려진다.

뉴욕타임스는 기사와 함께 봉하마을로 노 전 대통령을 보기 위해 몰려드는 방문객들과 노 전 대통령 내외의 사진 등을 지면에 게재하면서 이렇게 쓰고 있다.

「44가구 121명이 모여 사는 작은 시골 마을에 주중에는 수천 명, 휴일에는 2만 명에 가까운 방문객이 찾는다. 자동차와 버스가 꼬리를 문다. 방문객들의 목적은 새로 마을에 전입한 노 전 대통령을 보기 위해서다. 방문객들은 새 전입자가 집 뒤로 난 언덕을 넘어 부근의 습지로 산책을 가면 같이 따라나선다. 아빠는 아이를 목말 태우고 엄마는 핸드폰으로 사진을 찍는다.」

뉴욕타임스는 특히 봉하마을 관광 가이드 김민정 씨 인터뷰 내용을 통

노무현 전 대통령과 봉하마을 이야기는 미국 언론에 의해서도 대대적으로
보도된 바 있다. 한국 뉴욕타임즈는 이례적으로 지난 4월 10일(현지 시간)
많은 방문객들로 퇴임 후 인기를 누리고 있는 노 전 대통령과 봉하마을 분위기를
톱기사로 다뤘다. 미국 언론에서 한국 대통령의 퇴임 후 이야기를 다룬 것은
선례가 없었던 것으로 알려진다.

해 방문객들이 쉴 새 없이 밀려드는 모습을 설명하기도 했다. 또한 이 신
문은 봉하마을을 찾은 방문객과 인터뷰한 내용을 싣기도 했다.

"대통령으로 계실 때는 별로 좋아하지 않았습니다. 하지만 전임 대통
령이 귀향해서 이렇게 가까이 뵐 수 있으니 좋습니다. 이웃집 아저씨 같
아요. 다른 대통령들은 안 그랬거든요. 하나같이 권위적이고 따분한 타
입이었어요."

한 유치원 교사는 신문과의 인터뷰에서 봉하마을에 꼬마들을 데려 온
이유를 이렇게 설명하기도 했다.

"가난한 농부의 아들로 태어나 고등학교만 졸업하고 사법시험에 합격
한 데 이어 국회의원과 장관을 거쳐 대통령까지 오른 분이시잖아요. 입
지전적인 노 전 대통령의 인생에서 아이들이 뭔가 느끼기를 바라기 때문
에 아이들을 데리고 왔습니다."

노 전 대통령은 뉴욕타임즈와의 인터뷰에서 이렇게 말했다.

"오늘은 아침 9시부터 밖에서 소리를 치시더라구요. 자리에 있을 때나
물러났을 때나 대통령도 사생활은 필요합니다. 이렇게들 저를 보러 와주
시는 것이 저에게는 큰 부담이 됩니다. 하지만 감사한 마음을 금할 길 없
지요. 그런데 사람이 워낙 많아 악수도 못해 드리고 차 한 잔도 대접하지
못해서 죄송한 마음입니다."

뉴욕타임즈는 노 전 대통령이 재임 중에는 인기가 없었지만 퇴임 후에 새로운 유형의 국가원로상을 정립하고 있다고 소개했다. 한국에는 퇴임 대통령이 국가원로로서 국민들의 존경과 사랑을 받은 전례가 없었으며, 모두가 서울에 살면서 일반 국민들과 동떨어진 삶을 살고 있다고 전했다. 역대 대통령들 역시 모두가 노무현처럼 시골 출신이었지만 퇴임 이후에는 서울에 둥지를 틀었고, 당국의 삼엄한 경호를 받으며 일반 국민과 섞이는 일은 없다는 내용의 기사였다. 하지만 노 전 대통령은 고향으로 내려와 자전거를 타고, 차나무를 심고, 농부들과 함께 벼를 심는 등 대조적인 삶을 살고 있다고 보도했다.

이렇듯 한국의 퇴임 대통령에 대해 긍정적인 시각의 기사를 다뤄 준 미국 언론이었지만 정작 재임 시절에는 전혀 딴판이었다. 왜냐하면 재임 기간 중에는 '대한민국의 노무현 대통령'에게 상당히 냉담한 시각을 보이거나 무관심으로 일관했던 것이 미국 언론이었기 때문이다. 재임 시절, 두 번씩이나 미국을 방문했지만 당시의 그를 크게 주목해 준 미국 언론은 거의 없었다.

그뿐일까. 지난 2007년 10월, 노 전 대통령이 역사상 처음으로 군사분계선을 넘어 남북 정상회담을 가졌을 때도 미국 언론의 반응은 냉담하기만 했다. CNN은 '서울의 성급한 정상회담 결정'이란 사설을 통해 정상회담을 개성에서 열도록 압력을 가하지 않고 평양에서 만나기로 합의한 것은 '노무현의 실패'라고 평가했다. 워싱턴포스트는 "레임덕에 빠진 노 대통령이 예측할 수 없는 북한 지도자 김정일을 만나기 위해 방북했다. 그러나 인기가 낮고 임기가 제한돼 있는 노 대통령은 그의 집권당 인기를 만회하기 위해 방북을 필요로 했다."라는 상당히 비판적인 시각을 전했던 바 있다. 뉴욕타임스 역시 정상회담에 대해 "판을 크게 벌이는 두 명의 도박사가 한자리에 모였다."라고 폄하했던 전력이 있다.

아무튼 '노무현과 봉하마을'은 재임시절 시니컬한 반응을 보였던 미국 언론을 통해서 보더라도 우리 국민들의 관심을 넘어 전 세계적으로도 통례가 없는 하나의 역사적인 현상으로 자리매김하고 있는 중이다.

"제가 개그를 잘하니까 인기 있는 것 아닙니까?"

노 전 대통령의 봉하마을에 구름처럼 모여드는 사람들은 대부분 그가 던지는 한두 마디의 '개그'에 미소를 짓기도 하고, 때로는 폭소를 터트리기도 한다. 봉하마을을 찾아가 노 전 대통령을 만났던 경험이 있는 독자라면 누구나 쉽게 공감할 수 있는 말일 것이다. 그도 그럴 것이 노 전 대통령의 말 한 마디 한 마디는 상당히 유쾌한데다, 때로는 하이 코미디의 진수와도 같은 언변을 쏟아놓기 때문이다. 어쩌면 그가 평소에 늘 '개그'에 대해서 연구하는 것이 아닐까 하는 생각이 들 정도로 말이다.

그가 나타나는 곳이면 어디든지 바로 그 '개그' 때문에 미소가 번지고, 웃음꽃이 피어나곤 한다. 재임 기간 중에도 유난히 언변이 특출했던 대통령으로 꼽혔던 터라 '노무현 어록'이 생겨났을 정도이기는 하지만, 이즈음 그가 고향에서 들려주는 이야기들을 들어보면 퇴임 후 심리적인 여유가 생겼음을 직감할 수 있게 된다. 그렇듯 편안한 '개그'를 연발하는 것을 보면 노 전 대통령은 고향에서 정말 행복한 모양이다. 장소에 따라, 상황에 따라 적절한 '한방'을 날리는 노 전 대통령은 말 그대로 봉하마을의 행복 전도사가 된 모양새다.

"제가 여기 나오니까 저기(권양숙 여사)는 그래요. 사람들이 자기는 절대로 안 쳐다보고 자꾸 저만 쳐다본대요. 그거야 내가 개그를 잘하니까 당연한 건데, 이 사람은 자기 연기가 부족한 것은 모르고 사람들이 자기 그가 나타나는 곳이면 어디든지 바로 그 '개그' 때문에 미소가 번지고, 웃음꽃이 피어나곤 한다. 재임 기간 중에도 유난히 언변이 특출했던 대통령으로 꼽혔던 터라 '노무현 어록'이 생겨났을 정도이기는 하지만, 이즈음 그가 고향에서 들려주는 이야기들을 들어보면 퇴임 후 심리적인 여유가 생겼음을 직감할 수 있게 된다.

보고 웃지 않는다고 은근히 삐쳤어요."

만남의 자리에 자신의 아내를 동참시키지 못하는 것이 조금 미안했던 지, 어느 날 노 전 대통령은 그렇게 말해서 주위를 한바탕 웃게 했던 적이 있다.

그뿐일까. 마을 사람들과 보좌진들이 오리농법을 위해 모를 논으로 옮기는 작업을 할 때였다. 짓궂은 마을 사람 하나가 "대통령님도 장화 신고 논에 들어가시렵니까?" 하고 물었을 때, 그가 들려준 답변 역시 맛깔스러웠다.

"그건 (카메라 촬영을 위해 시범으로) 현직 대통령 때나 하는 거지, 퇴임 대통령은 그런 것 안 하지요."

그러자 마을사람은 "그래도 한 판 들고 오이소. 손에 진흙 묻힐까 싶어서 안 하는 겁니까?"라고 응수하는 바람에 즐거운 웃음이 오갔던 적이 있었다. 논에서 일하는 초등학교 3년 후배 이기우 씨의 아들을 보고는 "기우 장남 아이가(아니냐)?"라며 반긴 뒤 "저렇게 장성한 장남이 있는데, '기우야' '기우야' 해서는 안 되겠네. 괜히 욕먹겠네."라는 농을 던지기도 했다. 뿐만 아니라 마을 부녀자들이 논에서 일하는 사람들을 위해 새참을 준비해 오자 "일은 시작도 하지 않았는데 새참부터 먹는다."라고 말해 또 한 번 주위를 웃게 했다.

노 전 대통령은 봉하마을에서 '오리관리실장' '오리농법실장' 이란 직함을 얻었다. 마을사람들이 "오리농법을 하려면 아침에 오리를 풀어 주고, 저녁에 오리를 데려다 가두어야 하는데…… 귀찮고 번거로운 일이다."라며 꺼려하자, "내가 직접 오리를 풀어 주고, 오리를 가두겠다."라고 약속한 뒤 마을 주민들의 동의를 받아냈다는 후문이다.

사실 노 전 대통령은 마을 주민들의 소득 향상을 위해 오리농법을 주창했지만, 정작 오리농법이 잘 될지에 대해 나름대로 걱정도 많은 편이란다. "하자, 하자, 해놓고 잘 안 되면 얼마나 곤란하겠어요. 그런데 약간 불안하다고 새로운 도전을 안 하면 발전이 안 되거든, 또 다른 마을은 다 변화하는데 우리만 그냥 옛날 그대로 있으면 발전은커녕 낙오하고 만다는 거지요. 그러니까 하긴 꼭 해야 하는데, 사실 걱정이 많고 불안합니다. 하지만…… 사는 게 뭐 다 그런 것 아니겠습니까?"라는 말로 자신의 심정을 표현하기도 했다.

KBS 다큐 프로그램 제작 팀이 사흘 동안이나 일거수일투족을 찍어대는 바람에 '감시 아닌 감시'를 당하자, 소나무 전지 작업을 마친 노 전 대통령은 자전거를 타고 사저로 향하면서 "이 때는 딱 한 대 피워야 하는 건데 카메라가 따라 붙어 그럴 수도 없고……."라며 투덜대 주변의 웃음을 자아냈다. 그쯤 되자 촬영 팀이 미안했던지 "찍지 않을 테니까 피우시죠."라고 말하자 "집에 가서 하지 뭐⋯⋯."라고 퉁을 주는 바람에 또 한 차례의 웃음이 터져 나왔다.

하루는 사저 뒤쪽 야산에 자원봉사자들과 보좌진들이 나무를 심느라 마을 주민의 채소밭을 약간 손상시키는 일이 있었다. 그러자 노 전 대통령은 부러 집주인을 찾아가 "다 물어 주라고 할게요."라고 말하는 기지를 발휘하기도 했다. 이날 그는 보좌진들과 나무를 심은 뒤 막걸리를 한 잔씩 나누면서 "심을 나무를 산벗나무(산벗나무는 수수하고 화려하지 않은 모양이다)만 사온 것을 보니 나는 수수한 것만 좋아하는⋯⋯ 그러니까 결국 나는 촌놈이라는 말이 아니냐."라고 말하기도 했다.

방문객들에게 인사말을 건네면서 "손님이 되도록 적게 와야 탁주라도 한 잔씩 주거니 받거니 할 텐데, 이렇게 많은 사람과 주거니 받거니 하면 제가 죽어 버리죠."라고 말해 방문객들을 웃게 만들기도 했다. 자주 나와서 사람들을 만나고 인사말을 건네는 이유를 묻자 "손님이 찾아왔는데 집에 있으면서 안 내다 본다는 게 좀 그렇잖아요. 백수니까 그거라도 해야지요."라는 재치 어린 말을 던지기도 했다.

귀향 직후, 노 전 대통령은 마을 주민들에게 정식으로 전입신고를 하는 것은 물론, 마을 선배들에게 깍듯하게 예의를 갖추었던 것으로도 알려진다. 하루는 마을 소나무 전지 작업 중에 한 살 많은 마을 선배가 주

방문객들을 위한 특별 공연 '소양강 처녀.'

머니에 손을 찔러 넣고 작업 방법을 설명하는데도 오히려 노 전 대통령 쪽에서는 양 발을 가지런히 모으고 부동자세에 가까운 겸손한 자세로 경청하기도 했다는 이야기가 있다. 이 마을 선배는 "어릴 때부터 저보고 형이라며 따랐지요. 그래서인지 지금도 꼭 형님이라고 부르십니다."라며 "저도 남들과 함께 있을 때는 대통령님이라고 불러드리지요."라는 말로 깍듯한 그의 자세에 흐뭇한 미소를 짓기도 했다.

노 전 대통령은 이처럼 방문객들이나 마을 주민들을 후히 대접하면서도 정작 자신은 굳이 대접받기를 고집하지 않다. 오히려 방문객들이 '노무현' '노무현' 하면서 이름을 불러대자, 정작 마을 노인들이 듣기가 좀 민망하다는 표정으로 한 마디씩 건넨다. 한 노인은 "사람들이 저거(자기들) 마음대로 노무혀이, 노무혀이 하는데 옛날로 치면 왕이요, 지금은 대통령인데 그라몬(그러면) 안 된다. 대통령님이라꼬 불러야 한다."면서 싫은 소리를 하기도 했다.

노 전 대통령은 새로운 국가원로상에 대해서 상당히 깊은 생각을 한 듯하다. 대통령을 지냈으니 국가원로로서 사회에 대해 발언하고, 작용하는 것이 일반적인 현상이지만, 그는 그런 현상에 대해 회의적인 반응을 보이는 듯하다. 오히려 무슨 일이든 시민과 함께하고, 그런 경험들을 나눠 갖는 동안에 공감대를 형성해 나가는 것이 필요하다는 생각을 하고 노 전 대통령은 새로운 국가원로상에 대해서 상당히 깊은 생각을 한 듯하다.
무슨 일이든 시민과 함께하고, 그런 경험들을 나눠 갖는 동안에 공감대를 형성해 나가는
것이 필요하다는 생각을 하고 있는 것이다. 보통 시민으로서 가치 있는 일, 해보고 싶은
일을 하려면 시민과 거리가 있는 국가원로로서가 아니라 보통 시민 그 자체로 존재하는
것이 훨씬 접근하기 쉬울 것이라는 생각을 밝히기도 했다.

있는 것이다. 보통 시민으로서 가치 있는 일, 해보고 싶은 일을 하려면
시민과 거리가 있는 국가원로로서가 아니라 보통 시민 그 자체로 존재하
는 것이 훨씬 접근하기 쉬울 것이라는 생각을 밝히기도 했다.

모두들 그렇게 말한다. 퇴임 즈음이 되면 누구나 '이제는 국민의 한 사
람, 또 한 사람의 보통 시민으로 돌아간다' 는 심경을 밝힌다. 그러나 정
작, 진정한 국민의 한 사람이 되어 국민들과 뜻을 함께했던 이가 있었는
가를 생각하면 선뜻 떠오르는 이가 없다. 스스로 한 사람의 국민이 되었
음을 강조하고, 그 생각을 실천해 국민 속으로 걸어 들어온 그가 반가운
것은 당연한 일이 아닐까.

개그를 잘하는 전직 대통령. 누군가는 그런 모습에 대해 '권위를 떨어
뜨리는 행위' 라고 쐐기를 박을 수도 있을 것이다. 대문을 활짝 열고 하루
수천 명의 사람들과 조우하는 퇴임 대통령의 모습에서 이미 우리의 고정
관념 속에 박혀 있는 '권위' 의 모습은 사라진 지 오래이다. 그도 그럴 것
이 누구든 찾아가기만 하면 만날 수 있는 퇴임 대통령은 지금껏 없었다.
더구나 그저 만나주는 것에 그치는 것이 아니라 함께 사진을 찍어 주고,
손을 잡아 주고, 가설무대 같은 곳에 서서 우스갯소리를 건네는 노 전 대
통령의 모습은 그야말로 일종의 신선한 감동일 수밖에 없다.

"권위를 포기하고 싶은 사람이 있겠습니까? 누구든 권위 있는 사람으

로 존재하고 싶은 것이 당연한 일이죠. 더구나 그것이 한 나라의 대통령일 때는 더욱 그렇다고 볼 수 있을 것입니다. 하지만 권위라는 것이 담을 높이 쌓는다고 해서 지켜지는 것은 아니라고 생각합니다. 노무현 전 대통령이야말로 진정한 권위가 무엇인지를 아는 분 같아요. 소통하는 법을 알고, 그것을 먼저 실천함으로 해서 사람들로 하여금 저절로 고개가 숙여지도록 만든 장본인이니까요.”

봉하마을에서 만난 한 고등학교 교사는 노 전 대통령을 향해 ‘권위를 벗어 던짐으로써 진정한 권위를 찾은 대통령’이라고 평가했다. 퇴임 후에는 너나할 것 없이 높은 담장을 쌓아 놓고 국민들과 국가로부터 스스로를 격리시키고 있는 다른 대통령들의 모습을 생각하면 충분히 수긍할 수 있는 말이다. 어쩌면 하루에도 수천 명의 사람들을 산자락의 작은 마을로 이끌고 있는 힘도 바로 그것, 스스로를 낮춤으로써 권위를 높인 그 힘이 아닐까.

여러분, 안녕하십니까?

불러놓고 보니 호칭이 어중간하다 싶네요. 앞으로 어떻게 불러야 할지 좀 더 연구해 봐야 할 것 같습니다.

어제 저녁에는 너무 피곤해서 게시판에 들어와 보지 못하고 아침에야 게시판에 올라온 글들을 보고 있습니다. 반갑고 고맙습니다. 홈페이지가 너무 빈약하고 불편해서 미안합니다. 하루빨리 개선하도록 하겠습니다. 개선된 사이트는 사회적으로 중요한 의제를 놓고 여러 사람이 서로 질문하고, 의견을 말하고, 자료를 올리고, 연구까지 공동으로 하는 방법을 채택하려고 합니다.

웹 2.0 개념으로 해보자는 것이지요. 3월 중으로 열기 위해 준비하고 있습니다. 많은 참여를 기대합니다.

지난 25일 다녀가신 분들 말고, 26일 화요일 이후 이곳을 다녀가신 분들이 2만 명을 넘었습니다.

하루 종일 저희 집 대문 앞에서 저를 나오라고 소리를 치십니다.

한 번씩 현관에 나가서 손을 흔들어 봅니다만, 그분들도 저도 감질나고 아쉽기만 합니다.

토요일에는 나가서 악수도 하고 사진도 찍어 보려고 시도해 보았습니다. 그런데 그만 뒤엉켜서 엉망이 되어 버렸습니다.

그래서 꾀를 내 둑길을 따라 화포천까지 걸었습니다. 둑길을 걸으면서 사람들을 분산시켜 도중에 손도 잡고 사진도 찍어 보자는 계산이었습니다.

도중에 몇 번 시도해 보았지만 엉키는 것을 막을 수 없었습니다.

결국 화포천까지 가서야 끝까지 함께 오신 몇 분과 사진을 찍을 수 있었습니다. 돌아오는 들판 길에서 다시 새로 오신 분들과 만남을 시도해 보았으나 역시 사람이 넘쳐서 인사를 포기하고 그만 도망(?)치고 말았습니다. 일요일은 아침 마실을 나갔다가 일찍부터 오시는 분들이 많아서 결국 쫓겨(?) 들어왔습니다. 오후에는 봉화산으로 도망(?)을 갔습니다.

봉화산 정상에 올라가서 마을을 내려다보고 손을 흔들어 손님들과 인사를 나누었습니다.

얼굴도 알아볼 수 없고, 소리쳐도 들리지 않는 거리에서도

서로 인사가 통하는 것 같아서 기분이 좋았습니다.

내려오는 길에는 산까지 올라오는 분들이 있어서 손도 잡고 사진도 찍었습니다.

사진 찍는 일이 큰일이었습니다. 일일이 주소를 적을 수도 없고, 적는다고 다 보내주는 일도 쉽지 않아서, 그렇게는 하지 않기로 했습니다. 청와대에 있을 때 일손이 많았는데도 가끔 사진 안 보내주느냐는 항의를 받은 일이 있었기 때문입니다. 또 꾀를 낸 것이, 손님이 가져오신 사진기로 사진을 찍어 드리는 방법이었는데, 이것도 해보니 시간이 너무 많이 걸리는데다가, 사진기를 가지고 오지 않은 분들도 많아서 그 또한 해결책이 아니었습니다. 그래서 우리 사진기로 찍고, 나중에 홈페이지에 올려놓기로 했습니다.

'사진 찍은 시간'으로 배열해 홈페이지에 올려놓을 예정이니 들어와

서 찾아가시라고 안내해 드렸습니다.

어르신들도 계신데 홈페이지에서 사진을 내려 받을 수 있을지 걱정이 되었습니다만, "할 수 있다. 아이들한테 말하면 된다." 하셨습니다.

힘들지만 고마움과 미안함, 그리고 기쁨이 가득한 며칠이었습니다.

그러나 마음이 상하는 일도 있었습니다. 가는 곳마다 물에 떠내려 온 쓰레기, 누가 몰래 갖다 버린 쓰레기가 가득했습니다. 그 중에서도 화포천의 쓰레기와 오염은 참 가슴이 아팠습니다. 제 어린 시절에는 하늘이 새까맣게 철새들이 날아들던 곳입니다.

개발 시대에 버려진 한국 농촌의 모습, 농민 스스로의 마음에서도 버림을 받은 농촌의 모습을 보는 것 같아서 마음이 아픕니다.

그동안 대통령은 무엇을 했을까? 자꾸만 부끄러워집니다.

산골짜기, 개울에 널려 있는 쓰레기들은 우선 마을 사람들과 의논해서 치우려고 합니다.

화포천은 김해시와 정부가 나서야 하는 일입니다. 이 일도 이미 의논을 하고 있습니다. 문제는 지역에 사는 분들입니다.

쓰레기나 오염물질을 버리기만 하고 치우지 않는 것이 문제입니다.

새마을운동을 다시 하자고 해볼까 싶습니다.

새마을운동이라는 이름에는 부정적인 기억이 남아 있는 것이 사실이지만, 우리 농촌의 환경을 되살리는 데는 효과적인 방법이 아닐까 생각합니다.

저는 그동안 새마을 조직을 보면서, 부정적인 역사의 유물이라 하여 쓸모 있는 것까지 모두 지워버리는 것이 꼭 좋은 일도, 가능한 일도 아니라는 생각을 해 왔습니다.

좀 더 생각을 해보고 지역 사람들과 의논해 볼 생각입니다.

산에도 올라가 보았습니다. 산림녹화에 성공한 산들입니다.

그런데 그냥 빽빽하게 들어선 나무들, 그 아래를 꽉 채운 잡목들, 그리고 넝쿨들, 그러나 아무 쓸모도 없습니다. 숲은 햇빛이 차단되어 죽어가는 가지들로 엉켜있고, 개울의 물은 말라버리고, 온갖 소리를 내며 날아다니던 벌레들도 어디론가 가버리고 없습니다. 나무와 넝쿨이 너무 빽빽하여 사람이 접근할 수도 없습니다. 산에 올라도 사방이 보이지 않습니다.

옛날에 풀, 꽃, 벌레들과 다정하게 함께 뛰놀던 그 숲이 아닙니다.

어찌 우리 마을만의 이야기겠습니까?

마을 가까운 야산은 우리 아이들이 편하게 접근할 수 있고, 풀, 벌레, 새, 들짐승의 생태계가 풍성하여 자연을 느끼고 학습할 수 있는,

그래서 누구라도 편안하게 걷고 휴식을 즐길 수 있는 숲으로 다시 가꾸면 좋을 것입니다.

이런저런 하고 싶은 일은 많은데 얼마나 할 수 있을지 걱정입니다.

여러분, 여러분을 어떻게 부를까요?

노사모 여러분? 친노 시민 여러분? 민주시민 여러분? 참여시민 여러분? 국민 여러분?

아니면 그냥 친구 여러분? 이것도 한번 의논해 봅시다.

안녕하시기 바랍니다.

출처_ 사람 사는 세상(www.knowhow.or.kr)

봉하마을 사람들

봉하마을은 노 전 대통령 부부를 포함해 44가구가 한데 모여 살고 있는 작은 마을이다. 아무리 시골 마을이라고 해도 비교적 규모가 있는 곳의 경우는 100호를 넘어가는 것이 예사임을 감안하면 아주 작은 마을이라고 할 수 있다.

노 전 대통령이 취임하던 때부터 탄핵을 받았을 때, 퇴임할 때 등 언제나 희로애락을 같이 한 마을 사람들은 최근 들어 마을에 불어 닥치고 있는 새로운 변화로 인해 마을이 발전될 수 있기를 기대하면서도 일상에서는 별다른 흔들림 없이 묵묵히 생업에 종사하고 있다. 물론 개중에는 노 전 대통령의 귀향 계획이 발표되었을 때, 지가 상승이나 대규모 개발 등을 기대했던 사람도 있었다. 하지만 곧 평정심을 찾고, 오히려 노 전 대통령이 앞장서서 벌이고 있는 사업이 성공하기만을 노심초사하면서 기대하는 눈치다.

권양숙 여사의 동생뻘인 봉하마을 부녀회장 김분옥(58) 씨는 21세 꽃다운 나이에 시집와 농사만 짓다 요즈음엔 봉하마을 입구 마을회관에서 국밥 장사를 하느라 비지땀을 흘리고 있는 장본인이다. 그녀는 노 전 대통령이 귀향한 지 일주일만인 지난 2008년 3월 2일부터 거의 쉬지도 못한 채 마을 부녀회원 네댓 명과 함께 방문객들을 상대로 봉화마을 명물인 쇠고기 국밥을 대접하기도 했다.

　권여사보다 한 해 먼저 시집을 와서 노 전 대통령이 사법시험에 합격해 부산으로 이사하기 전까지 5~6년간, 권여사와 친동기간처럼 우애 있게 지냈다는 그녀는 "40년 가까이 농사만 짓다 장사를 하려니 어려운 점이 한두 가지가 아니지만 수많은 방문객들이 찾아줘서 마을에 대한 자부심도 높아지고 마을 발전에 대한 기대감도 크다."라고 말했다.

　최근 김 회장을 비롯한 부녀회원들은 복지관이 완공되면서 그동안 식당으로 사용하고 있는 건물이 헐리게 되어 조만간 새 건물을 짓거나 빌려서 이제는 정말 제대로 된 식당을 운영해 볼 계획이라고 한다. "노 전 대통령이 마을 주민들의 소득 향상을 위해 많은 노력을 해줘서 감사하다. 노 전 대통령 내외분과 수시로 마을 발전을 위해 다양한 의견을 나누고 있다."라고 전하기도 했다.

　김해시도 봉하마을을 전통 테마 마을로 개발하기로 하고, '전통 테마 마을 음식메뉴개발협의회'를 구성해 대표 먹을거리 개발에 나서고 있다. 그 한 예로 봉하마을에서 생산되는 쌀과 오리, 산딸기, 연근, 된장, 고추장 등 친환경 재료를 이용해 오리 훈제요리, 보약 식혜, 동동주 등 전통 음식 개발에 박차를 가하겠다는 계획이다. 식당을 운영하는 사람들이나 일반 주민 등을 대상으로 한 교육도 준비하고 있는 중이다. 전통 음식 전문가가 봉하마을의 친환경 재료를 응용한 요리 교육을 실시해 5~6가지의 대표 먹을거리를 선정하겠다는 것이다.

먹을거리는 5천 원에서 2만 원 수준의 가격으로 정하고, 농가 수익 창출은 물론 방문객들에게 특별한 맛 체험 기회를 제공한다는 방침이다.

노 전 대통령의 대창초등과 진영중학교 후배인 봉하마을 이장 조용효(52) 씨는 "오리농법이 성공해 마을 주민들의 소득이 올랐으면 한다."라고 말했다. 오리농법은 오리를 논에 풀어 각종 병충해를 박멸하도록 함으로써 농약 사용을 억제하는 친환경 농법이다. 봉하마을 사람들은 노 전 대통령이 귀향하기 전부터 이미 몇 차례에 걸쳐 오리농법을 시도하려 했으나, 여러 가지 문제 때문에 실천에 옮기지 못했던 경험이 있다. 오리농법을 도입하려면 무엇보다 맑은 물이 필요한데, 낙동강 하류에 위치한 봉하마을은 농업용수가 대부분 탁한 물이어서 오리농법을 시행하는 데 어려움을 겪어 왔다는 것이다. 게다가 오리농법은 논 10평당 1마리의 오리를 풀어 놓아야 하는 만큼, 경비가 더 들어가게 마련이고 당연히 쌀값도 더 받아야 채산성이 맞다. 이 때문에 판로 확보 및 브랜드화가 사업 성공의 관건이라고 할 수 있다. "그동안 제대로 진척되지 못했던 오리농법 도입이 노 전 대통령께서 귀향해서 관심을 보이고 직접 참가함으로써 큰 힘을 얻게 되었다."라고 조 이장은 말했다.

봉하마을은 올해 안에 마을 주민 13명의 논 2만5천 평에 오리농법을

"노 전 대통령이 마을로 귀향함으로써 오리농법에 쓰일 맑은 물을 확보하기 위한
지하수 개발 관정 작업이 속도를 내게 되었습니다. 말 그대로 마을 전체가 활기에
차 있는 것이지요. 마을 주민들은 노 전 대통령 덕분에 마을이 좀 더 발전되기를
기대하지만, 그 무엇보다 주민 스스로가 앞장서 나가야 발전이 지속될 것이라는
각오도 충분히 다지고 있습니다."

도입하기로 했으며, 이미 지난 6월 중순까지 모내기를 마치고 오리 2,500마리를 입식했다. 전국적으로 수소문해 AI(조류독감)에 감염되지 않은 건강한 오리를 구하는 데도 힘을 쏟았다. 노 전 대통령은 모내기 현장에 가끔씩 모습을 나타내 일손을 거들곤 했으며, 마을 국민들을 격려하기 위해 아침저녁으로 오리를 방사하거나 오리집으로 다시 들이는 일도 자원하기도 했다. 마을 사람들은 오리농법의 경우, 벼 이삭이 패는 7월 말 이후에는 오리가 따로 필요 없으므로 마을을 찾는 방문객들에게 자연산 오리고기를 대접할 계획도 세워 두고 있다.

이렇게 해서 생산된 오리쌀은 올 가을부터 방문객들을 상대로 판매할 계획이다. 노 전 대통령은 "여러분들이 봉하마을에 오셔서 그냥 빈손으로 가시는 것이 안타까워 오리농법으로 지은 좋은 쌀을 돌아가실 때 한 봉지씩 가지고 가시도록 하겠다."라고 인사말을 통해 밝히기도 했다.

봉하마을 사람들은 오리농법 이외에 연꽃 농장도 조성하고 있다. 규모는 오리 논 인근 2천여 평으로 가시연과 홍연 등을 심어 방문객들을 상대로 볼거리를 제공할 계획이다. 이미 지난봄에 연꽃을 파종한 덕분에 올 여름부터 방문객들에게 개방할 수 있게 되었다고 한다. 아울러 연꽃 화분을 판매해 봉하마을 방문객들에게 기념품이 되도록 할 방침이다. 노 전 대통령과 비서진들은 생가 터에 김해시가 조성중인 휴게소 등에서 연

오리농법을 도입한 봉하마을, 오른쪽으로 보이는 노란색 오리집.

꽃 화분과 친환경 오리쌀 등을 판매할 계획을 세우고 있는 것으로 알려지고 있다.

"노 전 대통령이 마을로 귀향함으로써 오리농법에 쓰일 맑은 물을 확보하기 위한 지하수 개발 관정 작업이 속도를 내게 되었습니다. 말 그대로 마을 전체가 활기에 차 있는 것이지요. 마을 주민들은 노 전 대통령 덕분에 마을이 좀 더 발전되기를 기대하지만, 그 무엇보다 주민 스스로가 앞장서 나가야 발전이 지속될 것이라는 각오도 충분히 다지고 있습니다."

새마을지도자 성구봉 씨의 말이다. 이외에도 봉하마을은 '테마마을 추진위원회(회장 김홍원)'를 구성해 김해시 농촌기술센터와 함께 추진하고 있는 중이다. 노 전 대통령의 귀향과 함께 고요했던 낙동강 끝자락의 작은 촌, 봉하마을이 변화의 바람 앞에 들썩거리고 있는 셈이다.

봉하타운과 부동산 투기

봉하마을에 위치한 노 전 대통령의 사저와 관련해서 짚고 넘어가야 할 문제도 있다. 일각에서는 봉하마을 사저가 엄청난 규모에다 매우 호화로울 것이라는 판단 하에 '봉하타운' 조성과 관련해서 시비를 걸었다는 사실이다. 노 전 대통령이 귀향하기 직전인 2008년 2월, 집중적으로 제기되기 시작한 일부 언론의 '봉하타운론'은 봉하마을에 건축되고 있던 사저가 일종의 '아방궁'일 것이라고 추측한 데서 나왔다. 시골 마을에 돈 칠갑이 웬 말이며, 그 돈의 출처에 대해서도 의혹어린 시선을 품은 채 예의 주시한 것이다. 봉하마을 주변에 대한 정부 및 김해시의 예산 지원이 편파적이고 특혜성이 높다는 것도 시비의 한 축을 이루었다.

실제로 노무현 전 대통령의 친인척과 측근들이 노 전 대통령의 경남 김해시 진영읍 본산리 봉하마을 사저 주변 땅을 잇달아 사들이기도 해서 의혹을 키웠다. 노 전 대통령의 사저는 경남 김해시 진영읍 본산리 산 9-1번지 일대 4,290㎡(1,297평) 규모다. 노 전 대통령의 주변인들이 사저를 빙 둘러 위치한 14필지 3만989㎡(9,374평)를 2003년 2월부터 2008년 2월까지 5년에 걸쳐 차례로 매입한 것이다.

등기부등본을 통해 사저 주변 14필지를 사들인 사람들을 살펴보면, 사저 앞 생가 463㎡(140평)와 생가 앞 밭, 1051㎡(317평)은 2008년 2월 23일 노 대통령의 부산상고(부산상고는 현재 실업계고로 진학하는 학생이 크

노 전 대통령이 귀향하기 직전인 2008년 2월, 집중적으로 제기되기 시작한 일부 언론의 '봉하타운론'은 봉하마을에 건축되고 있던 사저가 일종의 '아방궁'일 것이라고 추측한 데서 나왔다. 시골 마을에 돈 칠갑이 웬 말이며, 그 돈의 출처에 대해서도 의혹어린 시선을 품은 채 예의 주시한 것이다.

게 줄어 일반계고, 즉 인문고로 바뀌면서 교명도 '개성고'로 변경되었다.) 동창인 강모 씨가 9억 원에 사들였다. 노 전 대통령은 이와 관련해 "친구인 강 씨에게 '다른 대통령들은 다 생가가 있는데, 노 대통령만 생가가 없어서 되겠느냐'라고 매입을 부탁해 강 씨가 흔쾌히 사들였다."라고 밝힌 바 있다. 사저 부지와 사저 뒤쪽 산 2만2,288㎡(6,753평) 등 2만6,565㎡(8,050평)는 노 전 대통령의 후원자인 태광실업 박연차 회장 주변 인물인 정모 씨가 2004년 12월 28일과 2005년 2월 22일에 각각 사들였으며, 노 전 대통령은 2007년 11월에 정씨가 사들인 땅의 일부를 다시 매입했다.

노 전 대통령의 형인 건평 씨와 건평 씨의 부인도 지난해 11월 21일, 사저 왼쪽 170여 평을 구입한 이외에 2003년 2월부터 같은 해 7월에 걸쳐 사저 주변 밭 2천여 평을 사들인 것으로 알려졌다. 또한 생가 앞쪽 부지 1,157㎡(350평)는 대통령 경호실이 지난해 12월 27일에 매입해 경호원 숙소를 지었다. 이 사업에는 부지 매입비와 건축비를 합쳐 35억여 원의 예산이 투입되었다.

이를 놓고 일각에서는 부지가 지나치게 넓다는 지적이 제기되었다. 노 전 대통령의 사저 부지는 단순 비교할 경우, 역대 대통령 가운데 가장 넓은 부지를 보유한 김대중 전 대통령의 사저 부지보다 7배 이상 넓다. 당연히 '호화 저택'이니 '아방궁'이니 하는 이야기가 나올 만한 대목이다.

이에 대해 일부 언론은 '노 전 대통령이 마치 귀향해서 농사나 지을 것처럼 포장하고 있지만, 실상은 '봉화마을에 아방궁을 지어 놓고 호화 생활을 하려 한다' 며 비난하기도 했다.

하지만 이와 같은 시각에 대해서는 반론도 적지 않았다. 부지의 위치나 가격 등 여러 면에서 단순 비교가 어렵다는 것이 그 이유였다. 도심 한복판인 서울과 벽촌인 김해를 비교한 것이기 때문에 도무지 설득력이 없다는 것이다. 그 흔한 텃밭이나 넓은 정원조차 없다면 어떻게 시골 생활을 할 수 있겠느냐는 지적도 적지 않았다.

뿐만 아니라 봉화산 웰빙숲 조성 사업과 화포천 복원 사업에 대해서도 특혜라는 의혹이 제기된 바 있다. 30억 원의 예산이 배정된 봉화산 웰빙숲 조성 사업은 2005년에 김해시가 산림청에 요청한 사업으로 2005년부터 전국 20여 곳이 봉화산과 함께 산림 경영 모델 숲으로 선정되어 예산 지원이 이뤄지고 있다.

60억 원의 예산이 배정된 화포천 복원 사업은 2008년 10월에 창원에서 열리게 될 람사르 총회를 앞두고 김해시와 경상남도가 자체적으로 추진해 온 사업이었다. 일부 언론은 이러한 사업 지정 배경에 대해서도 '노 전 대통령의 입김이 크게 작용했다' 며 공세의 끈을 늦추지 않았다. 그렇지만 이런 의혹들은 대부분 구체적인 증거가 없는데다, 사업 추진에 그럴 만한 목적과 이유가 있다는 반론이 제기됨에 따라 시간이 흐르면서 차차 잦아들었다.

어찌 되었든 당시 언론이 추적한 내용 가운데 땅 매입 시기를 보면 노 전 대통령은 언론을 통해 귀향 의사를 밝히기 이전부터 봉하마을로의 귀향을 염두에 두었던 것으로 보인다. 퇴임 후 고향으로 귀향하겠다는 뜻을 공식적으로 밝힌 것은 2006년 초반 무렵이었지만, 땅 매입 시기는 그 이전으로 거슬러 올라가는 것만 보아도 잘 알 수 있다. 심지어 노 전 대통령의 형인 건평 씨 등 주변 인물들이 대통령 취임 초반인 2003년부터 조금씩 땅을 사들였던 정황으로 보면, 노 전 대통령은 취임 초부터 귀향하겠다는 복안을 가지고 있었던 것으로 보인다. 다만 이와 같은 의사를 언론을 통해 밝힌 시기가 퇴임 무렵이었던 것일 뿐이다. 재임 시절 종종 '돌출 발언'으로 논란을 불러일으켰던 그였음을 돌이켜보면, 귀향에 대해서는 상당히 신중한 행보를 유지했던 것임을 알 수 있다.

조금 놀라운 사실은 봉하마을의 땅값이 노무현 전 대통령의 귀향 계획이 알려진 전후로 해서 크게 올랐다는 것이다. 노 전 대통령 생가 터의 경우 웬만한 부산 지역 주택가 부지와 맞먹는 가격에 거래되었을 정도다. 노 전 대통령의 친구인 사업가 강모 씨는 생가와 주변 땅 1,514㎡(밭 317평과 대지 140평)을 총 9억 원대에 사들였다. 물론 생가터에 살던 전

언론이 추적한 내용 가운데 땅 매입 시기를 보면 노 전 대통령은 언론을 통해
귀향 의사를 밝히기 이전부터 봉하마을로의 귀향을 염두에 두었던 것으로 보인다.
퇴임 후 고향으로 귀향하겠다는 뜻을 공식적으로 밝힌 것은
2006년 초반 무렵이었지만, 땅 매입 시기는 그 이전으로
거슬러 올라가는 것만 보아도 잘 알 수 있다.

주인은 오랜 세월 그곳에서 살아 경우가 좀 다르기는 하다. 하지만 부산 지역의 웬만한 주택가 택지도 평당 200~300만 원 정도인 것을 감안하면 한적한 시골 마을 생가 터 부지 가격에 프리미엄이 엄청나게 붙었다는 사실은 부인하기 힘들다.

하지만 그는 지난 2008년 4월 무렵, 매입한 부지를 경남 김해시에 기부 채납했다. 김해시가 생가 복원에 착수했기 때문이다. 김해시는 강 씨가 이 땅을 매입하지 않았더라면 임대를 하던 매입을 하던 어떤 식으로든 사용권을 얻어 생가 복원을 해야 했으니 말 그대로 손도 안대고 코를 푼 격이 된 셈이다. 창원에서 자동차부품 회사와 건설 회사를 운영하고 있는 것으로 알려진 강 씨는 절친한 친구를 위해 웃돈을 부담하는 것도 마다하지 않는 깊은 우정(?)을 발휘한 것이다.

생가 터 부지뿐만 아니라 봉하마을 일대의 부동산 가격도 노 전 대통령의 귀향 계획이 알려진 시기를 전후해서 크게 올랐다. 봉하마을 앞 논만 해도 평당 50만 원대 안팎으로 노 전 대통령이 당선되기 이전보다 최고 10배 가량 오른 셈이다. 그런데 실상 봉하마을 땅의 상당 부분은 외지인들의 손에 넘어갔으며, 높은 호가와는 별도로 실제 거래는 제대로 이뤄지지 않는다는 후문이다.

아무튼 전직 대통령의 '퇴임 후 귀향'이라는 것에 대한 진의와 관계없

이 생가 주변이 부동산 투기의 대상이 되고 있는 현실은 안타깝게 느껴지는 것이 사실이다. 특히 노 전 대통령은 재임 시절부터 부동산 투기 단속에 모든 정책의 초점을 맞춰 오기도 했던 만큼, 쓸쓸함을 느끼게 되는 것은 어쩔 수 없는 현실이다. 이쯤 되고 보면 퇴임 후 거주지를 서울로 정했던 전직 대통령들은 이런저런 부작용을 우려해 귀향 의지를 접었던 것이 아닐까 하는 지레짐작을 해보는 것도 가능하지 않을까 싶다. 이른바 '전직 대통령 생가 주변 부동산 투기 금지에 관한 법률'이라도 나와야 하는 것은 아닌지 우려되는 대목이다.

봉하마을 전경.

정치적인 골프, 골프적인 정치?

　노무현 전 대통령이 골프를 좋아한다는 것은 이미 다 알고 있는 사실이다. 봉하마을로 귀향한지 한 달 보름여 만에 떠난 휴가 여행에서도 골프를 즐긴 것으로 알려져 있을 정도. 골프장에서 휴가 대부분을 보냈으니 '골프 여행'이었다고 해도 과언은 아닐 성싶다.

　2008년 4월, 노무현 전 대통령 부부는 퇴임 후 처음 가진 휴가를 측근인 창신섬유 대표 강금원 씨가 대표로 있는 충주의 시그너스 골프장에서 보낸 것으로 알려졌다. 노 전 대통령 부부는 당시 골프장 인근 충주댐 동량면 서운리 하천에서 낚시를 하던 주민들과 만나 악수를 나누기도 했으며, 가금면 봉황리 봉황 자연휴양림에 들러 휴식을 취하기도 했다. 당초 휴가 계획은 미리 알려졌지만 행선지를 구체적으로 밝히지 않아 충주 방문이 공개되지 않았는데, 충주댐 등을 산책하면서 주민들과 만나 인사를 나누는 과정에서 자연스럽게 휴가지가 알려지게 되었다고 한다. 노 전 대통령은 산책길에서 만난 낚시꾼들에게 "고기 잘 잡히냐?"며 먼저 인사를 건네기도 했다는 후문이다.

　노 전 대통령은 이때 시그너스 골프장 영빈관에 나흘 정도 머물렀던 것으로 알려졌다. 전국의 골프장은 대부분 골프장 소유주나 VIP를 위해 골프장 내에서 숙식할 수 있는 시설을 갖춰 놓고 있는데, 시그너스 영빈관도 그런 시설이라고 할 수 있다. 숙소를 자주 옮기는 것이 여의치 않은 노무현 전 대통령이 골프를 좋아한다는 것은 이미 다 알고 있는 사실이다.
봉하마을로 귀향한지 한 달 보름여 만에 떠난 휴가 여행에서도 골프를 즐긴 것으로
알려져 있을 정도. 골프장에서 휴가 대부분을 보냈으니 '골프 여행'이었다고 해도
과언은 아닐 성싶다.

탓이었는지도 모르지만, 어쨌든 골프장에서 무려 나흘간이나 머물렀다
는 사실은 노 전 대통령의 지극한(?) 골프 사랑을 엿볼 수 있게 하는 대목
이다.

이쯤에서 화제를 돌려 골프와 역대 정권의 상관관계를 살펴보자. 왜냐
하면 골프에 얽힌 제법 재미있는 일화들이 있기 때문이다. 최고 권력자
개인의 호불호(好不好)에 따라 골프가 풀리기도 하고 금기시되기도 했다
는 것은 대부분 알고 있을 것이다.

박정희 전 대통령은 1960대 후반부터 막걸리에 사이다를 섞은 '막사
이다'를 즐기며 라운딩을 했고, 전두환 대통령도 비밀리에 골프를 즐겨
쳤다. 그가 지난겨울 측근들을 대동하고 부산 근교 골프장에 묶으면서
이틀간 골프를 친 사실이 언론에 포착되기도 했다. 역대 대통령 중에서
골프를 가장 잘 친 이는 노태우 전 대통령으로 꼽히는데, 싱글에 가까운
실력이었다고 한다. 반면, 노무현 전 대통령은 '제대로 배운 골프 자세'
를 가진 사람이라는 평을 듣고 있다.

YS는 '골프는 너무 재미있는 게 단점'이라고 말했을 만큼 골프를 즐
겼던 애호가였던 것으로 알려져 있다. 그런데 정작, 그가 대통령이 되고
난 뒤에는 골프 금지령이 내려졌다. 그 후면에 있던 사연은 훗날 김종필
전 자민련 총재에 의해 하나의 재미있는 일화처럼 소개되었다.

"1989년 3당 합당 교섭 중 YS와 함께 공을 쳤다. 그런데 카메라맨들이 몰려오는 바람에 잔뜩 긴장했는지 크게 스윙하다 헛치면서 뒤로 벌렁 주저앉고 말았다. 주변에서 폭소가 터지고 난리였다. 그러고 나더니 YS가 골프는 끊고 배드민턴만 하더라."

그의 설명대로라면 승부욕이 강한 YS의 성격 상 자존심이 상해 그만뒀을 것이란 추측이다. 아무튼 YS와 DJ 시절에는 공무원들 사이에서 골프가 철저히 금기시되었다. 두 전직 대통령이 모두 골프를 하지 않거나 경원시했기 때문에 의도했든, 그렇지 않았든 공직 사회에서 골프는 '가까이 하기에는 너무 먼 운동'이 되어 버렸던 것이다. 소규모 회사에서도 사장이 어떤 운동을 좋아하느냐에 따라 임직원들의 즐기는 운동이 결정되는 것도 다반사다. 그런데 국가원수가 경원시하는 운동이었으니, 골프를 멀리할 수밖에 없었던 당시의 상황은 충분히 이해되고도 남음이 있다.

이렇듯 무려 10년간이나 최고 권력자에 의해 '소박(?)'을 당해야 했던 골프는 참여정부에 이르러서 화려한 컴백을 하게 되었다. 당연히 노 대통령이 상당한 골프 애호가였기 때문이다.

하지만 참여정부 시절, 골프로 인해서 많은 사람들이 고통(?)을 당하기도 했다. 가장 큰 사건은 역시 이해찬 전 총리의 '삼일절 골프' 사건이다. 2006년 삼일절 당시, 이해찬 총리는 부산의 한 골프장에서 전, 현직 부산상의회장 등 부산 지역 경제, 교육계 인사들과 2개 조로 나뉘어 골프를 쳤다. 골프 좀 친 것이 뭐가 그리 큰 문제일까 하겠지만, 결정적인 것은 '시기'가 부적절 했던 것이다. 그날은 삼일절인데다 철도와 지하철이 파업을 감행한 첫날이었다. 한 국가의 총리가 그러한 긴급 상황에서 골프나 치고 있었으니 당연히 문제가 될 수밖에 없었던 것이다.

이 전 총리의 삼일절 골프 사건은 시의 적절성 여부에다 참가 인사 등의 문제가 계속 불거지면서 연일 언론에 도배되다시피 보도되었다. 게다가 이 전 총리는 이에 앞서 강원도 대형 산불 때(2005년 4월), 남부 지역 집중 호우 때(2005년 7월), 구속된 윤모 씨와의 라운딩(2006년 1~2월) 등 다섯 차례나 골프로 인해 구설수에 올랐던 터였다.

더구나 이 총리가 골프를 친 조가 '돈내기'를 했다는 사실이 세간에 알려지면서 이 전 총리는 끝내 총리직에서 하차하는 사태를 맞고 말았다. 당시에는 노 전 대통령도 이 문제를 크게 문제 삼지 않으려 했고, 시간이 지나면서 서서히 마무리 단계에 접어드는 듯했으나 '내기 골프' 문제가 불거지면서 급물살을 타고 말았다.

그런데 재미있는 것은 당시, 이 총리 조의 18홀 전체 내기 판돈은 고작 44만 원에 불과했다는 것이다. 44만원이 적은 금액이라는 말이 아니라 오고간 판돈(?) 전체가 44만 원이었으니 당연히 그리 큰 내기는 아니었

무려 10년간이나 최고 권력자에 의해 '소박(?)'을 당해야 했던 골프는
참여정부에 이르러서 화려한 컴백을 하게 되었다.
당연히 노 대통령이 상당한 골프 애호가였기 때문이다.
하지만 참여정부 시절, 골프로 인해서 많은 사람들이 고통(?)을 당하기도 했다.
가장 큰 사건은 역시 이해찬 전 총리의 '삼일절 골프' 사건이다.

다. 이 전 총리와 같은 조에 속한 한 기업인이 스킨스(빼먹기) 방식으로 한 홀 당 2만 원씩, 롱 홀 2개와 숏 홀 2개에 각각 2만 원의 상금을 걸었던 것이다. 결국 '푼돈'이나 다름없는 44만 원이 일국(一國)의 총리를 가차 없이 날려버린(?) 셈이 되고 만 것이다.

이해찬 전 총리 외에도 골프와 연계되어 상당히 많은 노 전 대통령 주변 인물들이 구설수에 올랐으며, 더러는 검찰 수사를 받기도 했다. 노 전 대통령이 골프를 좋아하기 때문인지 혹은 그만큼 인맥이 넓은 까닭인지는 알 수 없으나, 그의 주변에는 유난히 골프장을 경영하는 인사들이 많은 편이다.

한 예로 노 전 대통령이 귀향한 후 첫 휴가를 보낸 충주 시그너스 골프장의 소유주인 강금원 회장이 그렇고, 노 전 대통령의 후원자이자 김해 지역 기업인인 박연차 회장도 그렇다. 박 회장은 김해에 27홀 규모의 정산CC를 직접 조성해 소유하고 있으며, 김해는 물론 부산 경남 지역 최대의 골프장인 가야CC 지분도 가장 많이 소유하고 있는 것으로 알려져 있다. 노 전 대통령이 퇴임 직전 "내 고향 김해에는 좋은 골프장이 많이 있다."라는 말을 한 것도 박 회장의 정산CC와 가야CC를 염두에 둔 것으로 보인다. 이밖에 2005년 노 전 대통령의 고교 동창 겸 측근 인물 영입으로 화제가 됐던 한 인사는 제주 등 세 곳에 골프장을 소유하고 있는 골프

재벌이기도 하다. 노 전 대통령도 2007년 제주 평화포럼을 마친 뒤 현지의 이 인사가 소유한 골프장에서 골프를 즐긴 것으로 알려져 있다.

노 전 대통령의 '골프 프렌들리' 정책 때문에 참여정부 때는 전국적으로 골프장이 크게 늘어났다. 참여정부 5년간 130여 개 수준이던 골프장이 270개까지 늘었을 정도이니 말이다. 계획 중인 것까지 모두 합치면 600여 개에 달한다고 한다. 이처럼 골프장이 늘어난 데는 노무현 정부가 5년 걸린다는 골프장 건설 허가를 4개월로 단축시켰기 때문이란 분석도 있다. 물론 골프를 즐기는 사람도 200~300만 명 수준으로 늘었고, 내장객도 연간 1,800만 명 이상으로 크게 늘었다. 일부에서는 이 때문에 국민의 5~6% 정도만을 위해 국토가 파괴되고 있다는 지적도 나왔던 게 사실이다.

하지만 아이러니하게도 국내 골프장이 이처럼 폭증했는데도 문제가 되고 있는 해외 골프 여행은 줄어들 기미가 보이지 않고 있다는 점이다. 해외 관광 수요를 국내로 유인해 관광 산업을 육성하고, 여행 수지 적자도 해결하겠다던 '반값 골프장, 골프장 2배 증설론'이 전혀 먹혀들지 않은 것이다. 국내 골프장의 경우 손님은 해마다 늘고 있지만 한 곳당 내방객 수는 줄고 있고, 해외 골프 관광객은 2000년 55만 명에서 2007년 127만 명으로 급증했다. 얼마나 골프장을 더 만들어야 해외에다 돈을 퍼붓는 일이 막을 내릴 수 있을까?

하지만 현재의 이명박 정부로 들어서서는 골프가 다시 '천덕꾸러기' 신세로 전락한 느낌이다. 골프 접대를 많이 한 기업이 검찰의 수사를 받고, 공직 사회에도 이른바 골프 금지령이 내려진 까닭이다. 현 이명박 정부에서는 우스갯소리로 일주일이 '월화수목금금금' 으로 변해버렸을 정도이니 골프 금지령이 아니라고 해도 실제로 골프를 칠 짬을 낸다는 것은 기대할 수 없는 일이 되고 만 셈이다.

그런데도 정작 이 대통령은 미국 대통령 별장인 캠프 데이비드를 방문했을 때, 골프를 치지는 않았지만 부시 대통령이 함께 탄 골프 카트를 운전했다가 '호된 촛불집회' 와 마주쳐야 했다. '캠프 데이비드의 아픈 추억' 때문에 앞으로 이 대통령에게 골프는 더욱 기피 대상이 될 지도 모르겠다.

하지만 이명박 대통령이 골프로 수난(?)을 당한 것과는 달리 청와대나 내각의 측근들은 '골프 프렌들리' 인 것 같다. 대부분 골프장 회원권을 몇 개씩이나 소유하고 있으니 말이다. 한 가지 덧붙인다면 미국의 조지 W 부시 대통령은 "아들을 전장에서 잃은 어머니들에게 군 통수권자로서 골프장에 선 모습을 보여주고 싶지 않아 6년째 골프채를 잡지 않았다."라고 말한 바 있다.

그저 하나의 스포츠에 불과할 수도 있는 골프, 그러나 정계에서의 골프는 말도 많고 탈도 많은 일종의 '시한폭탄'으로 존재하고 있는 것이 아닐까 싶다.

봉하대군(?) 노건평 씨

노 전 대통령의 귀향이 가장 반가운 사람은 아무래도 형인 건평 씨일 것이다. 그는 동생이 마을로 돌아와서 기쁘기도 하지만 '봉하대군'이란 소리를 듣는 등 불필요한 의혹이나 오해를 더 이상 사지 않게 된 것만으로도 요즈음은 마음이 참 편안하다고 말했다. 동생이 귀향하자 "이제는 마음 놓고 다리를 뻗고 잘 수 있게 됐다."라고 말한 것만 보아도 이해할 수 있는 일이다. 그도 그럴 것이 노 전 대통령이 청와대에 있던 재임 기간 동안, 그에게는 항상 번득이는 감시의 눈이 따라다녔기 때문이었다.

물론 전혀 근거 없는 감시는 아니었다. 하지만 의혹이 있었다고는 해도 노 전 대통령의 최측근이라는 이유만으로 언론으로부터 의혹의 눈초리나 비난의 집중 포화를 받아 왔던 게 사실이다. 말 그대로 조그만 꼬투리만 있어도 그대로 간과되는 법이 없었던 시절을 겪은 셈이다.

그는 동생이 퇴임하기 직전에도 억울한(?) 일을 당했다. 역시 골프가 문제였다. 한 언론이 '호화' 개인 골프 연습장을 만들어 놓고 골프 연습을 했다고 보도했던 것이다. 언론의 보도 내용은 건평 씨의 골프 샷 연습 장면을 르포 형태로 취재한 것이었다.

「노씨의 타구는 100야드 가량 나갔다. 일부는 슬라이스나 훅이 나 연못 주위나 산자락으로 떨어지기도 했다. 저수지 가운데는 거리 표시용으로 보이는 부표도 있다. 노씨의 골프장 연못 주위에는 검정색 플라스틱 파이프가 수면 높이로 빙 둘러쳐져 있다. 골프공이 바람을 타고 연못가로 흘러가 자연스럽게 한 곳에 모이게 하기 위한 것이다. 전날 오후 취재팀이 이곳에 왔을 때 연못 구석에 골프공 수십 개가 떠 있었다. 뜰채로 공을 건져 올리던 관리인은 "선생님(노건평)은 매일 오전 7시쯤 나와서 30분 내지 1시간 정도 골프 연습을 하신다."라고 말했다.」

위의 내용은 르포 기사의 일부다. 이 기사는 건평 씨가 사용한 물에 뜨는 골프공은 보통 골프공에 비해서 2배 정도 비싸다는 내용을 전하기도 했다. 결론적으로 건평 씨가 봉하마을에 전용 골프 연습장을 만들어 놓고 물에 뜨는 '비싸고 좋은' 공으로 연습하며 관리인까지 두고 있었다는 내용이다.

그러나 이 르포 기사는 상당 부분이 사실과 다른 것으로 드러났다. 건평 씨는 또 한 번 가슴앓이를 해야 했다. 건평 씨는 이에 대해 "이 골프채는 손자들의 장난감이다. 이걸 가지고 있는 내 모습을 몰래 사진으로 찍어 가서는 내가 잔디밭에 골프 연습장을 만들어 놓고 호화 생활을 한다고 써놨더라. 아직 머리도 얹지 못했으며 할 생각도 없다."라고 조심스럽게 말했다. 친구나 주변 사람들이 진작부터 골프를 배워보라고 권했지만

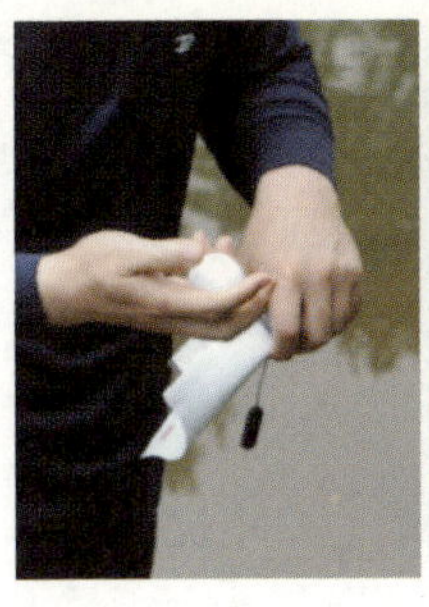

호화 골프장 의혹을 샀던 노건평 씨의 개인 연습 시설과 물에 뜨는 골프공.

늦은 나이에 새삼스럽게 골프를 배우는 것이 편치 않아서 아예 골프장에는 가본 적도 없다는 것이 그의 말이었다.

건평 씨에 따르면, 물에 뜨는 골프공(플로터)은 500개에 20만 원으로 한 개에 400원 정도라고 한다. 일반적인 골프공 값은 웬만하면 1개당 5,000원이 넘는 것이 보통이고, 잃어버린 것을 주운 로스트 볼도 500원 정도에 판매되므로 결국 그 기사는 오보였던 셈이다.

실제로 건평 씨가 사용한 물에 뜨는 골프공을 확인해 보니 플라스틱 재질로 매우 조잡해 보였다. 속이 비어 있는 형태라서 일반 골프공보다 가볍고 당연히 물에 뜰 수밖에 없는 구조였다. 골프 연습을 했다는 노 전 대통령 사저 뒤편 소류지 위쪽의 티샷 장소도 가건물로 조잡하게 만들어져 있었다. 굳이 말하자면 시골 사람들이 웬만한 도시 사람이면 다하는 골프가 하고 싶어서 있는 환경을 그대로 활용해 만든 자연 연습장 정도에 불과했던 것이다. 그는 물에 뜨는 골프공을 500개들이 두 박스를 구입했다면서 아직 그 영수증까지 보관하고 있다고 했다.

"골프를 치지도 않는데 왜 골프 연습을 했느냐?"라고 묻자, 그는 "아랫배가 나와서…… 다른 운동은 쉽게 싫증나고 해서 스트레스도 해소할 겸 미니 골프채를 휘둘렀다. 매일 쉬지 않고 그거라도 하려고 했지만, 농사일이 많아 일주일에 한 번도 하지 못할 때가 많다."라고 말했다.

건평 씨는 이제 동생의 퇴임과 귀향으로 더 이상 억울한(?) 일을 겪지 않아도 되게
되었다. 건평 씨는 물론, 노 전 대통령의 주변 사람들이 비교적 권력형 비리에
히지 않았던 것도 노 전 대통령의 인기가 귀향 후 오히려 급상승한 원인이
되었다는 것을 알 만한 사람이면 다 아는 사실이 아닌가.

그는 말이 골프 연습장이지 사실은 잔디밭이라고 설명했다. 논에 물을
대던 작은 연못 주변에 흙을 쌓은 뒤 자연석으로 주변을 꾸미고 잔디와
나무를 심어 가꾸었다. 잔디는 잔디대로 소득원이 되고 사슴이나 공작,
거위, 오리, 토종닭 등을 키우는 농장으로 활용하고 있다는 설명이었다.
그는 경남 거제시 한려해상국립공원 내 토지에 있는 자신 소유의 주택
두 채와 커피숍이 부동산 투기 의혹을 받고 있는데 대해서도 억울하다는
감정을 숨기지 않았다. 단순히 부동산 투기 의혹 뿐만 아니라, 자금의 출
처에 대해서도 '뭉칫돈'이 어디서 떨어지지 않았느냐는 의혹을 받았다
고 한다.

그는 부모로부터 물려받은 봉하마을 앞 들판 건너편 9천여 평의 단감
과수원을 팔아 1986년쯤 마을 앞에 위치한 논을 샀는데, 차익이 발생해
1990년께 거제도에 땅을 샀다고 했다. 거제도 땅을 사는 데는 자신이 세
무 공무원 생활을 하면서 모은 돈도 들어갔다는 설명이다.

노건평 씨는 그나마 의혹을 받는 선에서 끝났다. 그러나 그의 처남 민
모 씨는 금도를 넘기도 했다. 민 씨는 청와대 청탁을 빙자해 금품을 수수
한 혐의로 구속됐다. 노 대통령의 사돈 배모 씨 역시 음주 측정을 거부한
사실이 밝혀져 경찰청의 은폐 의혹이 제기되기도 하는 등 언론의 감시를
받기도 했다.

관련 여부를 떠나 주변 사람들에게 사소한 의혹만 생겨도 건평 씨가 의혹어린 시선을 받아야 했던 것이 사실이었다.

건평 씨는 이에 앞서 동생 덕(?)에 유명세를 톡톡히 치르며 2003년 '봉하대군'이라는 별명을 얻기도 했다. 당시 한나라당은 '취임 초기 봉하마을 건평 씨의 집은 각종 이권 개입과 청탁을 위해 민원인들이 몰려들어 관청 민원실을 방불케 한다'면서 그와 같은 호칭을 붙여 주었던 것이다. 한나라당은 '건평 씨가 인사 문제에 적극 개입하고 있어 노 대통령이 친인척의 발호를 사전에 뿌리 뽑지 않으면 우리나라에 희망이 없을 것'이라고 주장하기도 했다.

물론 최고 권력자의 친인척이라는 위치에 있는 만큼 스스로의 처신에 각별히 신경을 써야 하는 것은 당연지사다. 그렇지만 모든 일을 다 막을 수는 없었던 듯하다. '권력자의 친인척'이라는 이유로 찾아오는 사람들과 역시 권력자의 친인척이라는 이유로 가시 돋친 시선으로 예의 주시하는 이들이 언제나 함께 존재하는 까닭이다.

하지만 봉하대군이라는 거창한(?) 별명까지 갖게 된 노건평 씨만 해도 역대 최고 권력자들의 친인척과 비교했을 때는 처신이 상당히 양호했다고 할 수 있다. 과거에 한 최고 권력자의 친동생은 관변 단체의 대표를 맡아 엄청난 돈을 횡령해 구속되기도 했고, 그것도 모자라 풀려난 뒤 기소중지 상태에서도 수차례나 사기 혐의로 검찰의 수사를 받았던 적이 있다. 최근에도 그는 투병중인 상태에도 불구하고 사기 혐의로 검찰 조사를 받는가 하면, 양도성 예금증서 위조 문제에 연루되어 경찰의 조사를 받는 등 잇따라 구설수에 오르기도 했으니 말이다.

아무튼 건평 씨는 이제 동생의 퇴임과 귀향으로 더 이상 억울한(?) 일을 겪지 않아도 되게 되었다. 건평 씨는 물론, 노 전 대통령의 주변 사람들이 비교적 권력형 비리에 얽히지 않았던 것도 노 전 대통령의 인기가 귀향 후 오히려 급상승한 원인이 되었다는 것을 알 만한 사람이면 다 아는 사실이 아닌가. 이에 대해 건평 씨는 "5년 동안 정말 많이 배웠다. 내가 솔직하게 모든 걸 말한다고 세상과 언론이 액면 그대로 믿어 주는 것은 아니더라."라는 말로 소회를 밝히기도 했다.

이제 봉하마을에 방문객이 몰리면서 건평 씨의 집은 마을에서 동생의 사저 다음으로 번잡한 장소가 되었다. 단층 구조인 그의 집은 여기저기 내려앉는 곳도 있고, 누수가 되어 한 달 수도 요금만 수십만 원이 나오는 허름한 농가 그 자체다. 그는 빚이라도 내서 집을 수리하고 싶지만, 그랬다가는 또 공사비가 어디서 나서 초호화로 고쳤느냐며 벌떼처럼 덤벼들 것 같아 그냥 견디고 산다며 웃었다.

건평 씨는 방문객들의 궁금증을 해소시켜 주기 위해 가급적 대문을 열어 놓고 집안을 들여다 볼 수 있게 하고 있다. 더러 사진을 찍자는 방문 객들의 요구에도 응해 주고 있다. "지난 5년 동안 여러 가지 일로 고생 많으셨다."라는 말을 들으면서 다소 위안을 받고 있다는 말도 덧붙였다.

건평 씨의 직업은 농사꾼이다. 그는 요즈음도 변함없이 농사꾼으로서의 삶을 살고 있다. 농장 일도 좀 하고 잔디도 키운다. '호화 골프 연습장'으로 일부 언론에 의해 가치가 급등한(?) 잔디밭에서 나오는 판매 수익도 좀 된단다. 잔디는 한 평 넓이에 2만 원 정도에 팔린다고 한다.

그는 "언론이 정정당당하게 사실을 물으면 사실 그대로 대답해 줄 텐데 내가 겁이 나는지(?) 어떤 경우는 취재하러 왔다가 몰래 사진만 찍고 그냥 가버린다. 정작 집에 와서 얼굴을 보고 가는 기자는 별로 없다."라고 말하면서 오히려 아쉬움을 드러냈다.

그는 기자들이 어떤 취재 의도를 가지고 접근하느냐에 따라 사태가 다르게 해석되더라는 말을 조심스럽게 건넸다. "동생과 나는 이제 끝났으니 상관없지만 이명박 대통령 주변에서는 그런 일이 일어나지 않았으면 좋겠다."라는 말도 덧붙였다.

실제로 이명박 대통령 이야기가 나오자, 마치 동생 일처럼 안타까워하는 표정이 역력했다. 무엇보다 연일 촛불집회가 열리고, 국정 운영이 제대로 되지 않는 것이 안타까운 모양이었다. 그는 "이명박 대통령이 정치를 잘한다는 소리가 나오고, 그래서 이 나라가 잘 됐으면 좋겠다."라는 말을 여러 번 했다.

그는 요즈음 걱정 아닌 걱정거리가 여럿 생겼다. 동생이 마을에 정착하면서 동네 사람들과 여러 가지 새로운 시도를 하고 있기 때문이다. "동생이 옛날 봉하마을에 있을 때부터 부모님의 농사일을 제법 잘 거들곤 했지만, 정작 농사 경험이 없는데 잘 해낼 수 있을지 걱정이다."라고 속내를 털어놓았다.

노 전 대통령의 친형 노건평 씨.

"동생이 웬만한 농사일은 해봤고 손도 맵지만, 농사라는 것도 다른 모든 일처럼 오랜 기간의 숙련이 필요하다. 그 사람(오리농법을 시도하는 주민)들이 밤낮으로 책을 보고 연구하고 있으니 모르기는 해도 잘 될 것으로 믿는다."

노 전 대통령의 형인 건평 씨는 인터뷰를 마치면서 오리농법의 성공을 진심으로 바랐다.

장군차(將軍茶)와 오리농법

　노 전 대통령은 퇴임 전부터 친환경 농업과 숲 가꾸기 등에 깊은 관심을 보여 왔다. 퇴임 후를 대비해 재임 시절부터 상당 기간 동안 준비해 왔던 것으로 알려지고 있었다. 그런 노 전 대통령에게 사전에 준비된 카드는 장군차와 오리농법이다. 장군차는 차 재배 및 차 만들기 등 관광 체험과 차 판매 등 관광 상품화를 겨냥하고 있으며, 오리농법 역시 체험 활동과 관광 상품화를 통해 봉하마을 주민들의 소득 향상을 꾀한다는 것이 노 전 대통령의 복안이다.

　장군차는 노 전 대통령 재임 시절, 하동 차밭의 지인을 통해 차나무에 대한 정보를 얻으면서 관심을 갖게 된 아이템 중 하나다. 청와대를 방문한 김해 지역 주민들이 장군차를 선물한 것을 계기로 그 내력에 대한 자세한 설명을 들은 이후부터는 더욱 특별한 관심을 갖게 된 것으로 알려졌다.

　노 전 대통령은 봉하마을에 정착한 이후 곧바로 경남 김해 지역에서 생산되는 특산품인 장군차 재배에 직접 나섰다. 노사모 회원들과 함께 사저 뒤편 옛 과수원 자리에 두 차례에 걸쳐 장군차 묘목 2천여 그루를 심었으며, 이에 앞서 인근 김해시 대동면 대감리 감내마을에 있는 장군차밭을 방문해 장군차 재배가 어떻게 이뤄지는지 견학하고 직접 차를 만들어 보기도 했다.

당시의 견학을 통해 노 전 대통령은 부추밭에 부추와 함께 장군차 묘목을 심으면 5~6년이 지난 뒤 부추는 죽고, 장군차만 수확할 수 있게 된다는 사실을 배웠다고 한다. 또한 소나무 숲의 그늘진 곳에도 장군차 씨앗을 뿌리면 잘 자랄 수 있다는 설명을 들었다고 한다. 이에 따라 노 전 대통령은 사저 뒤편에 위치한 소나무 숲 동산에 장군차를 심기 시작했다. 본래 노 전 대통령의 사저 터와 뒤편 야산은 감나무 과수원이었으나 최근 들어 감 값이 과잉 재배로 폭락하면서 폐 과수원으로 전락한 상태였다. 뿐만 아니라 사저 정원과 후원에 심은 장군차를 정원수 및 방화수림으로 활용하는가 하면 방문객들과 함께 하는 차 잎 따기 같은 농촌 체험 상품으로 활용할 계획이다. 장군차는 관광 상품으로서도 그만큼 높은 상품성을 가지고 있으니 노 전 대통령으로서는 새로운 대체 작물을 통한 고부가가치 수익원을 발굴한 셈이 되는 것이다.

노 전 대통령이 심은 장군차나무는 자원봉사자들이 나서 나무껍데기 등 시비 작업까지 끝내 봉하마을의 새로운 명물이 될 것으로 기대되고 있다. 노 전 대통령의 장군차에 대한 깊은 관심은 곳곳에서 드러난다. 방문객들에게 "앞으로는 맛있는 장군차를 대접할 수 있을 것 같다. 방문객들이 직접 차를 따고 시음하는 주말 농장 체험도 할 수 있을 것."이라고 말하는 것만 봐도 그의 속내를 어느 정도 읽을 수 있다.

노 전 대통령에게 사전에 준비된 카드는 장군차와 오리농법이다.
장군차는 차 재배 및 차 만들기 등 관광 체험과 차 판매 등
관광 상품화를 겨냥하고 있으며, 오리농법 역시 체험 활동과 관광 상품화를 통해
봉하마을 주민들의 소득 향상을 꾀한다는 것이 노 전 대통령의 복안이다.

이처럼 노 전 대통령이 장군차에 깊은 관심을 보이자 김해 특산물인 장군차에 대한 일반의 관심 역시 크게 높아져 김해시청 등에는 장군차 묘목을 구하기 위한 문의도 잇따르고 있다는 후문이다. 이에 따라 김해시는 전국 다인을 초청해 다도 행사를 갖는 등 장군차를 가야 문화의 주요 아이콘으로 적극 육성해 나간다는 계획을 세우고 있다.

김해 장군차는 가야국의 시조인 수로왕의 비, 인도 아유타국 공주였던 허 황후가 시집올 때 가져 온 것에서 유래된다. 허 황후는 김해 허 씨의 시조로 열 명의 아들을 낳았으며, 그 중 둘에게 자신의 성(姓)인 허(許) 씨를 물려 준 것으로 전해지고 있다.

타원형의 잎을 가진 장군차는 자생력이 강하고, 녹차나 홍차로 가공하면 쓴 맛이 적은데다 담백하며 노화 방지, 당뇨 예방, 노인성 치매 및 암 예방, 심장질환과 성인병 예방 등에 탁월한 효능이 있는 것으로 알려진다. 잎이 크고 넓은 동시에 부드럽고, 색깔도 일반 차와 달리 누런빛을 띠고 있다. 잎이 매끄럽고 단단해 보이는 하동이나 지리산 일대의 차나무와는 확연히 구별된다.

김해 지역의 토양은 사질토로 물 빠짐이 원활하고, 기후와 강수량 역시 차 재배에 적합하다는 것이 전문가들의 말이다. 1년생 묘목을 심은 후 2년이 지나면 차 잎을 수확할 수 있어 머지않은 시기부터 김해시의

새로운 수익 작물이 될 것으로 기대를 모으고 있다.

노 전 대통령의 또 다른 귀농 아이콘인 오리농법은 친환경 벼농사의 대명사가 되고 있는 농법이다. 오리를 논에 놓아 기르면 오리들이 해충을 잡아먹고, 잡초도 뽑으며, 그 배설물은 유기질 비료가 된다. 이에 따라 농약이나 화학비료를 사용하지 않아도 된다는 이점이 있는 농법이다. 또한 자연스럽게 오리를 기를 수 있기 때문에 오리 판매 수입도 부수적으로 얻을 수 있는 장점이 있다. 오리농법으로 재배한 쌀은 친환경 작물이어서 당연히 수매가도 높기 마련이다. 오리농법으로 재배한 쌀의 수매가는 소득이 660㎡(200평)당 100만 원 정도로 일반 농업에 비해 배 이상 높다.

일본 후쿠오카 지방에서 처음 시작된 오리농법은 1992년 경남 창녕군 부곡면에서 첫 시연회를 개최함으로써 국내에서도 관심을 끌기 시작한 농법이다. 물론 문제점이 전혀 없는 것은 아니다. 무엇보다 화학비료를 사용하지 않기 때문에 수확량이 적을 수밖에 없다는 것이 농민들을 고민스럽게 하는 이유 중의 하나다. 또한 농약을 살포하지 않고 수확하다 보니 곰팡이균의 일종인 도열병 계 질병에 취약할 수밖에 없다고 한다.

아울러 오리의 입식 시기에 따라 제초 능력에 차이가 있으며, 오리를 늦게 회수할 경우에는 막 패기 시작한 벼가 오리에 의해 피해를 입을 수도 있다는 문제가 제기된다. 따라서 오리의 습성 및 입식 시기와 입식할 오리에 대한 공급량 조절이 원활하게 이루어져야 하며, 다 자란 오리에 대한 판로도 함께 개발되어야 한다는 부담감이 있다.

특히 2008년에는 사상 유래 없는 오리, 닭 등 가금류에 대한 AI(조류독 감)가 기승을 부리면서 오리농법이 난관에 봉착하기도 했다. 봉하마을 주민들도 이런 문제점들 때문에 오리농법을 선뜻 도입하지 못했는데, 노 전 대통령이 든든한 버팀목이 되어 준 덕분에 과감한 도전을 시작할 수 있게 된 것이다.

사실, 노 전 대통령으로서도 이런저런 걱정이 없었던 것은 아니었다고 한다. 봉하마을 주민들의 2만5천 평 가까운 논에 오리농법을 최초로 시 행하는 데는 그만한 우려가 따를 수밖에 없는 까닭이었다. 괜한 농법을 시행하자고 했다가 일을 그르치게 될 경우, 농민들에게 예상하지 못했던 피해를 안겨 줄 수 있다는 우려가 적지 않았을 것이다. 하지만 노 전 대 통령은 미래를 위해 과감한 용기와 결단력을 발휘했다. 실패가 두려워 시도하지 않으면 발전을 기약할 수 없다는 평소의 신념을 실천에 옮긴 것이다. 특히 노 전 대통령은 오리집에 오리를 가두고 방사하는 일을 직 접 맡겠다고 자원해 농민들에게 자신감을 심어 주기도 했다.

봉하마을에서 오리쌀 생산을 위한 작업이 시작됨에 따라 앞으로 마을을 찾는 방문객들은 '대통령표 오리쌀'을 기념품으로 구입할 수 있게 되었다. 또 봉하마을 식당에서 오리 불고기나 오리 로스구이 같은 음식들을 맛볼 수 있게 될 것으로 보인다. 노 전 대통령과 비서진은 김해시청과 협의해 복원 작업 중인 봉하마을 생가 기념품 센터에서 오리쌀을 판매할 계획인 것으로 알려졌다. 올해 시범 운영을 거친 뒤, 그 결과에 따라 내년에는 마을 전체로 확대할 계획도 세우고 있다. 봉화마을에 오리 울음 소리가 가득차게 될 것 같다.

장군차 묘목을 심고 있는 자원봉사자들.

오리쌀 생산을 위해 박차를 가하는 봉하마을.

저는 요즈음 하루에도 몇 번씩 대문 앞에 나가 손님들에게 인사를 합니다. 힘들지만 반갑고 즐겁습니다. 그런데 참 안타깝습니다. 손님들은 봉하마을에 와서 저의 생가 보고, 우리 집 보고, 그리고 '나오세요.' 소리치고, 어떤 때는 저를 한 번 보기도 하고, 어떤 때는 보지 못하고 돌아가십니다.

참 신기하다는 생각이 듭니다. 아무리 생각해 보아도 참 재미없겠다 싶은데, 그래도 손님은 계속 오십니다. 미안한 생각이 들 때가 많습니다. 그래서 좀 더 재미를 느낄만한 우리 마을의 명물을 소개하려고 합니다.

봉하마을의 명물은 봉화산입니다. 봉화산에 올라가 보지 않고는 봉하마을 방문은 헛일입니다. 봉화산은 참 아름답고 신기한 산입니다. 해발 150m밖에 안 되는 낮은 산이지만, 산꼭대기에 올라가 보면 사방이 확 트입니다. 멀리는 겹겹이 크고 작은 산이 둘러 있고, 그 안으로 넓은 들이 펼쳐져 있습니다.

들 가운데로 굽이쳐 흐르는 낙동강을 볼 때마다 저는 손을 뻗어 잡아보고 싶은 충동을 느낍니다. 발아래에는 손바닥만 한 작은 들이 있고, 그 들을 둘러싸고 옛날 아내와 함께 소설 이야기를 하며 걸어 다니던 둑길이 장난감 기찻길처럼 내려다보입니다. 당장이라도 내려가서 걸어보고 싶습니다.

동쪽으로 조금 멀리는 동양에서 가장 큰 습지라고 하는 화포천이 보입니다. 여기저기 상처를 많이 입기는 했지만, 그래도 생태계의 신비함이 남아 있습니다. 지금은 누런 갈대만 보이지만, 봄이 되면 온갖 풀꽃이 파랗게 싹을 내고 색색의 꽃을 피웁니다. 그 중에서도 흐드러지게 핀 창포는 가슴을 들뜨게 만듭니다.

옛날에는 철새들이 하늘을 새까맣게 가릴 만큼 내려앉았던 곳입니다. 지금은 그 모습을 볼 수 없어서 아쉽기는 하지만, 엊그제엔 기러기 몇 마리가 줄지어 날아가는 반가운 모습을 볼 수 있었습니다. 얼마 지나지 않아 옛날의 그 오리, 기러기들을 다시 불러들이려고 합니다.

봉화산은 산이 높지 않고 능선이 부드러워서 산책처럼 등산할 수 있는 산입니다. 산이 크지는 않지만 제법 깊은 골짜기가 여러 갈래로 갈라져 있고, 산 능선에는 여러 군데 제법 너른 마당이 있어서 지루하지 않고 아기자기한 재미가 있습니다.

둑길을 걸어서 화포천까지 갔다가 들판을 한 바퀴 돌아오면 한 시간, 마애불을 거쳐서 봉화대까지 올라갔다가 내려오면 한 시간, 자은골로 걸어서 봉화대-관음보살상을 거쳐 도둑골로 내려오면 두 시간, 계속 걸어가서 재실 앞 낚시터를 거쳐 화포천까지 갔다 오면 두 시간, 화포천을 지나 뱀산을 돌아오면 세 시간, 이렇게 조금씩 욕심을 부리면 1박 2일을 해도 모자랄 만큼 코스는 풍부합니다. 이 산책길에서 가끔 저를 만나서 이야기도 나누고 사진도 찍고 하면 좀 더 재미가 있겠지요. 단지 대문 앞 관광만 하지 마시고 좀 더 재미있는 봉하마을 방문을 하시기 바랍니다.

한 가지, 봉하마을 오실 때는 마음 놓고 걸을 수 있게 등산화를 신고 오시기 바랍니다. 지금은 밥 먹을 곳도 없고 잠 잘 곳도 없어서 불편이 너무 많습니다만, 올 해 안으로 밥 먹고 잠 잘 곳을 해결해 보려고 합니다. 그리고 내년, 내후년 계속해서 아름다운 숲, 자연학습 환경, 재미있는 체육 활동 등도 마련할 계획입니다.

봉화산은 어릴 적 인근 10리 안에 있는 학교들의 단골 소풍 장소였습니다. 앞으로 청소년들에게도 좋은 학습과 놀이터가 되도록 가꿀 생각입니다. 여러분이 봉화산을 많이 오르면 김해시에서 산을 가꾸겠지요. 여러분이 화포천을 많이 찾으면 나라에서 화포천 정화를 서두르겠지요. 오늘은 마을 사람들과 김해시 봉사 단체들과 화포천 주변 청소를 나갑니다.

어제 김해시에서 연락이 왔더군요. 여러분의 방문이 김해시를 움직였을 것이라는 생각이 듭니다. 감사드립니다. 김해시에도 감사드립니다. 저도 열심히 할 것입니다.
다시 글 올리겠습니다. 안녕히 계십시오.

출처_사람 사는 세상(www.knowhow.or.kr)

봉하마을 언저리에서 들려오는 '돌출 발언'

고향으로 돌아온 노 전 대통령은 누가 봐도 이내 알 수 있을 만큼 완벽한 '시골 사람'으로 변신했다. 하루 몇 차례씩 집 앞으로 나와서 방문객들을 맞이하고, 이런저런 이야기를 나누는 그의 모습에서는 마을 주민들과 의기투합해 오리농법을 도입하고, 뒷산에 장군차를 심어 수확하는 '농사꾼'의 모습이 고스란히 녹아 있는 것이다. 화포천 정비 등 친환경 운동에 적극적으로 나서고, 화포천에서 수달이 발견되었다는 소식에 흥분하는 그의 모습만 보면 이제 더 이상 정치색 같은 것은 찾아볼 수 없는 게 사실이다.

그는 방송이나 신문과의 인터뷰 등에 일체 응하지 않고 있다. 인터뷰하는 과정에서 자칫, 의도하지 않았던 정치적인 발언을 하게 되어 괜한 오해를 살 수도 있다는 것을 잘 알고 있는 까닭이다. 현실 정치에 어느 정도 거리를 둘 지에 관해서 나름대로는 상당 기간 동안 깊이 생각했던 것으로 보인다. 전직 대통령이 현실 정치에 개입했을 경우, 예상 가능한 부작용과 순작용 그리고 바람직한 전직 대통령상까지…… 정치에 개입한다면 가능한 범위 등에 대해서 그로서도 생각이 많았을 것이다.

다분히 의식적이라는 느낌을 주는 노 전 대통령의 비정치적 행보 덕분에 적어도 현재까지는 노 전 대통령을 둘러싼 '정치 개입' 논란은 등장하지 않고 있다. 오히려 귀향 후 서너 달이 지나는 동안 '봉하마을 사람'

으로 정착했다는 평가가 적잖게 나오고 있다. 물론 노 전 대통령이 '현실' 정치건 '훈수' 정치건 정치를 완전히 접었다고 생각하는 사람은 많지 않겠지만 말이다.

그도 그럴 것이 노 전 대통령은 현재 쌍방향 토론을 위한 웹사이트 '민주주의 2.0' 개발에 힘을 쏟고 있기 때문이다. 방문객 면담이나 외부 농사일 등이 없을 때면 사저에 묻힌 채 '웹 2.0' 방식의 토론 사이트 '민주주의 2.0' 개발에 열중하고 있다는 후문이다. 현 사이트를 건전한 토론 문화 정착과 시민 민주주의 발전을 위한 토론 마당으로 활용할 방침이라고 한다. 시민 참여를 중심으로 우리 사회의 다양한 주제에 대해 자유롭고 깊이 있게 소통하는 공간으로 삼는다는 계획이다. 일부에서는 이 사이트가 정식 개설되면 노 전 대통령이 그동안 '참아왔던' 발언을 본격적으로 쏟아 낼 것이라는 추정도 나오고 있다.

현실 정치에 개입하는 직접적인 수준은 아니지만 간간이 나름대로의 '정치적'인 견해를 피력하고 있는 현 상황과 웹 환경의 토론 사이트 개설 및 재단 설립 추진과 관련하여 일각에서는 정치 참여를 준비 중인 것이 아니냐는 분석이 나오고 있기도 하다. 하지만 직접적인 정치 개입이란 논란을 불러일으킬 정도로 정치 현안에 대해서 '말대포'를 쏘아대지는 않을 것이란 전망이 지배적이다.

이와 함께 문재인 전 청와대 비서실장을 중심으로 노 전 대통령 기념 사업을 추진하는 재단법인 설립 논의가 진행되고 있는 것으로 알려져, 노 전 대통령의 재단법인과 관련한 행보가 주목받고 있기도 하다. 이 법인은 일단 노 전 대통령이 벌이고 있는 농촌 및 환경 관련 활동을 지원한다는 목적으로 출범하는 형식을 취하고 있지만, 경우에 따라서는 '다양한' 사업 목적을 추가할 가능성도 배제하기 힘든 것으로 알려지고 있다. 노 전 대통령 재임 시절 '왕수석'으로도 불렸던 문재인 전 청와대 비서실장은 2008년 3월, 가족들과 함께 봉하마을에서 멀지 않은 경남 양산시 매곡동으로 이주, 노 전 대통령의 정치 개입설에 대해 더욱 무게를 실어 주기도 했다.

특히 이 재단법인이 노 전 대통령 지지 세력의 구심점 역할을 할 것이라는 분석도 나오고 있다. 이와 같은 노 전 대통령의 '정치 개입 가능설'의 배경에는 그가 '봉하마을 주민'으로 살아가면서도 간간이 정치의 경계선을 오가고 있기 때문이다.

그 한 예로 퇴임하는 날에도 노 전 대통령은 정치 문제를 언급했던 바 있다. 그는 밀양역에서 내려 2006년 7월에 당선된 열린우리당 출신 엄용수 밀양시장의 영접을 받자 "종자(통합민주당 출신) 하나 받으라고 밀양 시민들께서 당선시켜 주셨다."며 밀양 시민과 엄 시장을 치켜세웠다. 그는 또 "정치(하는) 노무현 종자도 길게 보면 제법 괜찮습니다. 종자 씨 말리지 말고 계속해서 사랑해 주십시오. 저는 부산 동구, 종로, 부산 강서구 등 지역구가 많습니다. 오지랖이 넓다 보니 밀양도 제 고향 해버릴랍니다."라며 부산 경남 지역에서 출마한 열린우리당 계열 후보들을 간접적으로 지원 사격했다. 뿐만 아니라 그는 혁신 도시 건설 재검토 논란과 관련해서도 "(이명박 정부가) 잘못 건드린 것 같다."라고 말해 이명박 정부의 정책에 대해 가볍게 언급하기도 했다.

2008년 4월 그는 노 씨 종친회에 참석한 뒤 전남 담양의 한 식당에서 이용섭 전 건설교통부 장관, 이병완 전 청와대 비서실장, 정찬용 전 청와대 인사수석 등 호남 출신 참여정부 인사 17명과 함께 점심식사를 하면서 이 전 장관이 혁신 도시 등 지역 균형 발전 정책에 대해 이야기하자 "(지역 균형 발전 문제는) 내가 이야기하지 않아도 주변에서 오히려 옳은 이야기를 잘하고 있더라."라고 말하기도 했다.

이러한 사실이 언론을 통해 알려지자 노 전 대통령 측은 정치적인 해석을 경계하면서 한 걸음 물러서는 모습도 보였다. '정부 정책에서 국민의 뜻이 매우 중요하고, 정책을 추진하려면 토론 과정이 필요하며 정부가 국민의 뜻을 무시하고 일방적으로 정책을 추진하기는 어려울 것이라는 일반적인 의견을 피력한 것 뿐' 이라며 진화에 나선 것이다.

2008년 6월 7일 양산 에덴밸리리조트에서 열린 제 9회 노사모 전국 총회에 참석했을 때, 그는 첨예한 문제를 언급하고 넘어갔다. 그는 쇠고기 재협상을 촉구하는 촛불시위 등과 관련해 "정권 퇴진 주장은 헌정 질서에도 맞지 않다."라고 자신의 의사를 피력했다. 그는 축사를 통해 "오늘 일부 신문에서 '재협상에서 정권 퇴진으로'를 제목으로 뽑았다. 원칙적인 관점에서 쇠고기 협상이 아무리 잘못됐다고 할지라도 정권 퇴진으로 밀어붙이는 것은 헌정 질서에 맞지 않고 민주주의 질서 속에서도 바람직하지 않다."라고 말했다. 또한 촛불시위에 대해서도 "처음에는 이처럼 위력적일 것으로는 예측하지 못했으며, 정말 시민이 무섭다고 다시 생각했다."라는 말도 곁들였다.

뿐만 아니라 쇠고기 협상과 관련해 촛불 시위대가 청와대로 행진하는 것에 대해서도 "청와대에 살아봐서 아는데 청와대 행진은 별다른 소득이 없는 만큼 안했으면 좋겠다."라는 뜻을 밝혔다. 현 시점에서의 가장 큰 문제는 여대야소의 18대 국회라는 지적도 곁들였다. "이명박 대통령에게 요구하고 공격을 하지만 진짜 위험한 존재는 18대 국회"라며 "정당이 정국을 주도하고 대통령보다 큰 권력을 행사할 가능성이 있기 때문에 국회가 하는 일에 주목해야 한다."는 것을 강조한 것이다.

노무현 없는 노사모는 '찐빵 없는 앙꼬'라고 거꾸로 말했다가 청중들 쇠고기 협상과 관련해 촛불 시위대가 청와대로 행진하는 것에 대해서도 "청와대에 살아봐서 아는데 청와대 행진은 별다른 소득이 없는 만큼 안했으면 좋겠다."라는 뜻을 밝혔다.

이 "(거꾸로 잘못 말했어도) 괜찮아."라며 자신을 두둔하자 "(여러분들이 괜찮다고 해도) 저 같으면 (앙꼬 없는 찐빵이라고 바로 잡기 위해) 재협상을 하겠습니다."라는 재치어린 답변을 던지기도 했다. 이에 대해 그저 가볍게 던진 말이지만, 어쩌면 그로서는 미국산 쇠고기 수입 문제에 대해 재협상이 필요하다는 입장을 밝힌 것일 수도 있다고 추측하는 사람들이 적지 않았다. 그의 말이 지닌 위력을 실감할 수 있는 대목이다.

하지만 그는 정작 노사모 총회 참석이 정치 참여로 비칠지 모른다는 시각에 대해서는 단호하게 선을 그었다. "(노사모 총회를 놓고) 한쪽에서는 노무현과 친노 일당이 정치 세력화를 위한 기지개를 켜는 것 아닌가 라고 말한다."며 자신의 정치 세력화에 대한 세간의 우려를 말한 뒤 "그래서 (총회에) 와야 되나 고민을 했지만 이렇게 생각해도 못 오고 저렇게 생각해도 못 온다면 갈 데가 없다."라는 말로 자신의 입장을 대변했다. 이날 노사모 총회에는 전국에서 모여 든 1천5백여 명의 회원들과 문재인, 이병완 전 청와대 비서실장, 이호철 전 민정수석 등 참여정부 참모들, 안희정 전 참여정부 평가포럼집행위원장, 강금원 창신섬유 회장, 이기명 라디오21 회장, 영화배우 명계남 씨 등 노 전 대통령의 후원자들도 대거 참석했다. 그 쟁쟁한 모임 앞에 선 노 전 대통령은 "노사모는 신도가 아니다."라는 말로 노사모를 통한 세간의 정치 세력화 우려를 우회적으로 부정하는 뜻을 전달하기도 했다.

노무현 전 대통령은 청와대를 떠나기 며칠 전인 지난 2008년 2월 22일 "이제 마주서서 대결하고 승부를 맺어 나가야 되는 승부의 세계를 떠난다."면서 "착한 소리도 하고, 군소리도 할 수 있겠지만 그 승부의 대척점에 서 있지는 않을 것."이라는 말로 자신의 입장을 정리해 보이기도 했었다. 당시 문재인 비서실장 주재로 청와대 춘추관 로비에서 열린 기자단 송별 오찬 자리에 들러 이같이 말하고, "대통령을 그만두면 뉴스를 편안한 마음으로 볼 수 있고, 화장을 하지 않아도 된다는 게 제일 좋다."면서 "가능할지 모르겠지만 머리도 적게 쓰고 살아보려 하는데 좀 어려울 것 같다."라고 덧붙이는 것도 잊지 않았다.

노 전 대통령의 한 마디 한 마디가 누군가에게는 시원스러운 청량제가 되고, 또 누군가에게는 피할 수 없는 맹독제가 되기도 할 것이다. 이쯤 되고 보면 재임 시절부터 '돌출 발언'으로 명성이 높았던 노 전 대통령에게 완전히 정치에서 등을 돌리도록 요구한다는 것은 아무래도 무리가 아닐까 싶은 생각이 든다. 그렇다면 그가 과연 '머리도 적게 쓰면서 대척점에 서지 않으려는 삶'을 살 수 있을지는 아직 좀 더 지켜봐야 할 문제이다.

대통령 탄핵 무효 촛불시위와 '민주주의 2.0'

"친구가 생선회를 가지고 와서 점심을 함께 먹었습니다. 밥상에 올라와 있는 김해 상동 산딸기주가 맛이 괜찮습니다. 내가 지금까지 먹어 본 와인 중에는 그 중 입에 짝 붙습니다. 아직 대량 생산이 되지는 않는다고 합니다."

노무현 전 대통령이 자신의 공식 홈페이지 '사람 사는 세상'(www.knowhow.or.kr)에 올린 글이다. 노 전 대통령과 네티즌들의 인터넷 대화 통로가 되고 있는 '사람 사는 세상'에는 퇴임 이후 6월까지 한 달 평균 2만 건, 하루 평균 600여 건에 달하는 글이 올라오고 있다. 게다가 '공지' 형태로 나가는 노 전 대통령의 글에는 무려 2천여 건 안팎의 댓글이 달리고 있다. 엄청난 반응이 아닐 수 없다.

노 전 대통령이 자신의 공식 사이트에서 가장 공을 들이고 있는 부분은 웹 2.0 개념의 주제를 놓고 서로 활발하게 대화를 나눌 수 있는 쌍방향 시스템이다. 그가 퇴임 후 첫 공지를 띄운 2008년 2월 27일에 시스템 구축 계획을 밝힌 데 이어, 3월 3일에 띄운 두 번째 공지에서는 "개선된 사이트는 사회적으로 중요한 의제를 놓고 여러 사람이 서로 질문하고, 의견을 말하고, 자료를 올리고, 연구까지 공동으로 하는 방법을 채택하려고 합니다. 웹 2.0 개념으로 해보자는 것이지요. 3월 중으로 열기 위해 준비하고 있습니다. 많은 참여를 기대합니다."라고 의중을 전하며 한 걸음 더 나아갔다.

이어 3월 9일 세 번째 공지에서는 "홈페이지는 되도록 빨리 개선할 것입니다. 주제를 가지고 주고받는 이야기가 되도록 할 것입니다. 이미 기획안을 넘겨 시스템을 개발 중입니다. 지금 기획하는 것은 '자료 관리'에 관한 것입니다. 대화와 토론, 연구의 방식으로 운영하면 좋은 자료가 축적될 것입니다. 여러분이 올리는 자료 중에는 참 좋은 자료들이 많이 있습니다. 이런 자료들을 잘 분류하고 다듬어서 축적해 두고, 저나 여러분이 더 쉽게 접근하고 활용할 수 있게 만들어 놓으면 참 편리할 것이라는 생각이 들어서 자료 관리 사이트를 기획하고 있습니다. 회원 활동을 편리하게 할 수 있는 기능도 개발할 예정입니다."라고 시스템의 활용 방안에 대해 보다 구체적인 계획을 밝히기도 했다.

노 전 대통령은 "혼자 생각한 이치를 훌륭한 사람이 쓴 책에서 다시 확인했을 때, 저는 행복을 느낍니다. 어떤 때는 기쁨을 주체하지 못해 일어서서 방안을 서성거리기도 합니다. 새로운 프로그램을 기획하고 개발하는 일도 그만한 기쁨입니다. 물론 프로그램은 전문 업체에 맡겨서 하고 있습니다만, 기획은 제 손으로 하고 있습니다. 이미 나와 있는 프로그램 가운데 제가 구상하는 기능에 꼭 맞는 시스템을 찾지 못하여 부득이 직접 개발하려는 것입니다."라며 프로그램 개발에 대한 열의의 단면을 드러내 보이기도 했다.

프로그램 개발은 좀 늦춰지고 있다. 3월 27일 다섯 번째 공지에서는 "회의를 해보니 모두들 용량 초과입니다. 업무 환경 체계를 잡고, 홈페이지 관리하고, 일정 관리하고, 손님맞이 하고, 이런 일상적인 일들도 벅찬데, 벌써 며칠째 동네 청소하고, 장군차나무 심고, 장군차 시범 마을 다녀오고, 동네 사람들과 친환경 농업에 관해 토론하고, 이런 일까지 하자니 정신들이 없나 봅니다. 한 달째 아직 하루도 쉬지 못한 모양입니다. 그러니 홈페이지를 며칠째 손보지 못한 것도 나무랄 수가 없습니다."라고 상황을 설명하고 있다.

노 전 대통령은 이때 새로운 프로그램이 웹사이트 '민주주의 2.0' 이라는 것을 밝히면서 "베타 버전 테스트 중인데, 아직 버그도 많고, 개선할 일도 많고, 토론도 잘 진행이 되지 않습니다. 어려워서 접근할 엄두가 나지 않는다고 합니다. 새로운 시도이니 어려운 것은 당연한 일이겠지요. 시스템에 관한 한 쉽게 쓸 수 있게 개량하고 익숙해지면 극복이 가능할 것으로 생각합니다만, 제가 제안하고자 하는 토론 방법은 그 과정을 소화해 내기가 결코 만만한 일은 아닐 것 같아서 벌써부터 걱정입니다. 어떻든 오늘은 토론 주제를 새롭게 정리해서 토론에 접근하기 쉽도록 할 생각입니다. 이 글을 마치면 토론 주제에 관한 제안 글을 쓸 생각입니

다.”라고 덧붙이기도 했다.

그렇다면 노 전 대통령이 이처럼 '민주주의 2.0'에 공을 들이는 이유는 뭘까?

그 이유를 알기 위해서는 2004년 3월 대통령 탄핵소추 무효를 주장하는 시민들의 광화문 촛불집회로 거슬러 올라가 볼 필요가 있다. 당시 시민들의 촛불집회는 최근 쇠고기 반대집회 못지않은 규모였다. 최고 20만 명 이상이 몰려 광화문 일대를 가득 메웠으니 말이다.

그때 노 전 대통령은 한 밤중에 청와대 뒷산에 올라가 탄핵반대 촛불집회를 보고 이 같은 심경을 털어 놓은 적이 있다.

"한밤중에 그 거대한 촛불의 물결을 봤습니다. 두렵다는 생각이 들었습니다. 저렇게 수준 높은 시민들을 상대로 정치를 하려면 앞으로 누구라도 쉽지 않을 것이라는 생각이 들었습니다. 대통령이 보기에 이미 시민들의 의식과 역량은 지도자라는 사람들이 두려워할 수준이었습니다. 이제는 일방적으로 정보와 논리를 전달하는 대중 매체가 아니라 시민들의 에너지가 모이고 선순환을 하는 새로운 소통의 광장이 필요하다는 생각이 듭니다. 대통령이 제안한 인터넷 사이트는 언론 매체라기보다는 깨어 있는 시민들의 공동 작업실, 공동 연구센터, 소통의 광장 그런 것에 가까운 것입니다."

노 전 대통령은 이 무렵, 혼란을 막기 위한 '선순환'의 중요성을 깊이 느낀 것으로 보인다. 뿐만 아니라, 이때 이미 국민들의 보편적인 정서를 읽고 다가올 2004년 총선에서 열린우리당이 압승할 것을 미리 예측하는 한편, 현실 정치와 민심의 괴리를 막기 위한 조율 장치의 필요성을 절감했던 것으로 보인다.

인터넷 세계에는 이미 많은 사이트가 존재하고, 그 장을 통해 많은 의견과 주장이 넘치고 있음에도 불구하고 굳이 새로운 사이트의 필요성을 느꼈던 데는 그만한 이유가 있었을 것이다. 그것은 다름 아닌 자극적인 용어와 현란한 수사, 한쪽으로 치우친 논리, 무책임한 댓글 등이 난무하는 사이트 운용의 실태에 대한 우려와 아쉬움 때문이 아니었을까.

토론을 하더라도 소모적인 찬반 논쟁은 지양하고, 수준 높고 생산적인 토론이 가능한 곳이어야 한다는 소신을 가지고 있었던 것이다. 수준 높은 사이트란 극단적인 싸움을 하는 곳이 아니라 정확하고 검증된 사실, 합리적인 논리를 바탕으로 그것을 축적시켜 가치 있는 자료를 만들어 가는 공간이 되어야 한다는 것이 노 전 대통령의 판단인 셈이다. 그렇듯 발전적인 사이트의 필요성을 절감했던 노 전 대통령이기에 본인이 직접 사이트 개발에 나선 것도 무리는 아니라는 판단이다.

그의 보좌진들이 봉하마을 귀향 이후, 노 전 대통령의 구상을 정리해 수준 높은 사이트란 극단적인 싸움을 하는 곳이 아니라 정확하고 검증된 사실, 합리적인 논리를 바탕으로 그것을 축적시켜 가치 있는 자료를 만들어 가는 공간이 되어야 한다는 것이 노 전 대통령의 판단인 셈이다.

서 사이트 기획안을 두어 차례 올렸지만 번번이 퇴짜를 맞았다고 한다. 답답했던지 노 전 대통령은 직접 '웹 2.0 방식에 의한 시민주권 사이트 기획안' 이라는 제목으로 5페이지 분량의 기획안을 보좌진에게 내려 보냈다. 사이트 구성을 문답 마당, 토론 마당, 연구 마당, 자료 마당, 회원 마당, 시스템 마당 등으로 짜고, 각 마당의 기능과 구조에 대해 자세한 설명을 적어 놓았다. 지금 만들어진 사이트 구조의 골조는 그가 직접 만든 기획안에 담겨 있던 것들이다.

대통령의 기획안을 바탕으로 외부 개발팀에서 한 달 남짓 작업하여 기본 골조를 만들고, 알파 테스트(내부 테스트)를 시작했다. 통상적인 웹사이트 개발 과정과 비교하면 초고속이었던 셈이다. 먼저 기본 구조만 짜서 사이트를 개설해 놓고, 지속적으로 진화 발전시키고, 가능한 한 모든 소스를 공개해 사이트 자체의 개발에도 사람들을 참여시키겠다는 것이 노 전 대통령의 사이트 개발과 관련한 복안이었다.

두 달여에 걸친 알파 테스트는 내부에서 추천된 20여 명의 테스터들이 대통령과 함께 테스트와 토론을 거쳐 진행된 것으로 알려졌다. 주로 '민주주의 2.0' 의 취지, 구조와 기능, 참여와 운영 등에 대한 진지한 토론이었다.

노 전 대통령은 이 기간 동안 '노공이산' 이란 닉네임으로 가장 많은

2004년 3월, 청와대 뒷산에서 촛불집회를 보며 깊은 생각에 잠겼었다는
노 전 대통령은 '민주주의 2.0'을 잉태했다. 그렇다면 2008년 6월,
같은 장소에서 국민들의 함성을 들었던 이명박 대통령은 과연 무엇을 잉태하게 될까?

글을 올렸다고 한다. 어느 날은 하룻밤 사이에 다섯 개의 글을 올리기도
했고, 토론의 고비마다 토론을 정리하거나 방향을 제시하는 글을 썼다는
것이다. 하루 종일 여러 편의 글을 한꺼번에 올리고는 몸살을 앓기도 했
다고 한다. 참으로 대단한 열정이 아닐 수 없다.

노 전 대통령은 2008년 5월 30일, 보좌진과 가진 사이트 관련 회의에
서도 '사실'을 강조했다. 자기주장을 뒷받침하는 '사실'을 찾고, 이를 검
증하고, 그 위에서 '해답'과 '대안'을 찾는 토론이 필요함을 강조하는 등
세세한 운영 방안을 제시했던 것이다.

"우리가 토론하는 이유는 해답을 얻기 위해서입니다. 어떤 쟁점에 대
해 진실이 뭐냐를 밝히는 것, 혹은 어떤 쟁점에 대해 상대방과 합의를 이
루어 나가는 것이 바로 해답을 찾아 나가는 과정입니다. 우리 토론은 상
대방을 제압하기 위한 토론이 아니라 사실과 논리를 근거로 함께 해답과
대안을 찾아 나가는 토론이 되어야 합니다."라고 자신의 의사를 피력하
기도 했다.

물론 이러한 노 전 대통령의 시도가 얼마나 괄목할 만한 성과를 거둘
지는 시간을 두고 지켜봐야 할 것 같다. 지금까지 '사람 사는 세상'에 올
라오는 글들은 비정치적인 내용보다 정치색을 띠는 내용이 주를 이루고
있기 때문이다. 대체로 보수층과 보수 언론에 대한 비판이나 현 정권에

대한 비판이 주 내용인데다 자기주장을 뒷받침하는 '사실'을 제시하고 '대안'과 '해법'을 찾는 노력 같은 것은 아무래도 찾아보기 힘든 편이다. 익명성을 요체로 하는 인터넷 사이트의 어쩔 수 없는 현주소가 그대로 드러나고 있는 것이다.

현실 정치에 초연하고자 하는 노 전 대통령으로서는 토론 주제 설정에도 제한적일 수밖에 없을 것으로 보인다. 민감한 현실 문제를 놓고 인터넷 사이트에서 충분한 토론과 검증이 가능할지, 대다수가 합의한 결론과 대안을 도출해서 연착륙시킴으로써 혼란과 대립, 분열 등을 미연에 예방하는 일이 가능할지……. 아무튼 노 전 대통령의 취지가 얼마나 실현될 것인지는 모두가 관심 있게 지켜봐야 할 부분이다.

노무현 전 대통령에 이어 촛불집회의 강력한 위력을 실감하고 있는 이명박 대통령도 노 전 대통령과 같은 맥락의 이야기를 털어놓았었다. 청와대 뒷산에 올라 광화문 일대에서 열리고 있는 촛불집회를 보면서 정국 구상을 다시 했다는 말이었다. 이 대통령은 캄캄한 산 중턱에 홀로 앉아 시가지를 가득 메운 촛불의 행렬을 보면서 '국민들을 편안하게 모시지 못한 자신을 자책했다'고 한다. 시위대의 함성과 함께 오래 전부터 즐겨 부르던 '아침이슬'의 노랫소리도 들었다고 한다. 늦은 밤까지 자신에 대해 수없이 생각하고 또 생각했다는 이명박 대통령의 마음 역시 노무현 전 대통령의 당시 마음과 크게 다르지는 않았을 것 같다.

2004년 3월, 청와대 뒷산에서 촛불집회를 보며 깊은 생각에 잠겼었다는 노 전 대통령은 '민주주의 2.0'을 잉태했다. 그렇다면 2008년 6월, 같은 장소에서 국민들의 함성을 들었던 이명박 대통령은 과연 무엇을 잉태하게 될까?

노사모 총회에 참석한 노 전 대통령 내외.

인터넷과 '피에로'

인터넷은 지금까지 노무현 전 대통령에게 상당히 우호적이었다. 항간에서는 2002년 대통령 선거에서 노 전 대통령이 승리할 수 있었던 데는 인터넷의 힘이 적지 않았다는 이야기가 나올 정도이니 말이다. 실제로 선거 당일, 일부 인터넷 사이트에서는 중간 선거 결과가 나돌고, 진보 세력의 투표 참여를 독려하는 글들이 나돌기도 했다. 지금은 그런 분위기가 한결 정화되었다고 하지만, 당시만 해도 염려스러울 정도의 상황이 있기도 했다.

이처럼 노 전 대통령은 인터넷에 대한 각별한 관심을 가지고 있다. 일각에서는 청와대 등 주요 정부 부처의 출입기자실을 해체하고, 브리핑실로 바꾼 것도 이러한 배려의 일환이었다고 보고 있다. 그런 그가 쇠고기 문제가 첨예할 때 흉금을 털어놓은 것도 노사모 회원을 만났을 때였다. 노사모 역시 그 근간의 상당 부분을 인터넷에 두고 있다는 것은 부인하기 어렵다. 노 전 대통령은 노사모 회원들에게 "(쇠고기 시장 개방을) 완전히 막을 수는 없다고 생각했으나, 위생 안전성 확보와 국가 자존심 때문에 문을 열 수가 없었다."라고 말한 바 있다. 그는 이어 "(이명박 정부와 한나라당은) 내가 해놓은 일을 설거지했을 뿐이라고 하는데, 그건 참 양심 없는 소리"라면서 "뭘 잘 모르는 것 같다."라는 비판도 전했다.

그는 "제가 합의를 다 해놓고 도장만 안 찍었다고 생각하는지 모르겠

이처럼 노 전 대통령은 인터넷에 대한 각별한 관심을 가지고 있다. 일각에서는
청와대 등 주요 정부 부처의 출입기자실을 해체하고, 브리핑실로 바꾼 것도
이러한 배려의 일환이었다고 보고 있다.

지만, 나는 안 찍었고 이 대통령은 찍었다.”면서 “미국은 (쇠고기 문제에
대한 입장을) 안 바꿨고, 우리는 바꿨다.”라는 말도 덧붙였다. 그는 이와
함께 “정부 내에 쇠고기 시장 개방 주장도 많았지만, 농림부가 끝까지 반
대해 문을 열지 않았다.”라고 강조했다. 이번 협상의 주무 부처인 농림수
산식품부(이전 농림부)가 이명박 정부에 와서 참여정부 때의 입장을 바꿨
다는 것이다. 그렇게 속내를 모두 털어놓아도 좋을 만큼, 그에게 노사모
는 오랜 벗과 같은 편한 존재였다는 뜻이다.

 그렇지만 언제부턴지 인터넷 환경도 상당 부분 달라진 것으로 보인다.
노사모 홈페이지나 노 대통령의 홈페이지 ‘사람 사는 세상’에서조차 공
공연히 노 전 대통령의 생각과 행동을 비판하는 글들이 올라오기도 하는
까닭이다. 그만큼 인터넷도 ‘친 노무현’ 성향 일변도는 아니라는 말이
다. 몇몇 인터넷상에 등장하는 ‘안티 노무현’ 성향의 글을 살펴보면 이
렇다.

「문중대제에 참석한 임금복을 입은 노무현이 정치적 언동을 시작하고
정치적 행보를 이어 나가고 있다. 친북 좌파정권의 실질적 수장인 노무
현 전 대통령이 광주를 방문하고 혁신 도시와 관련하여 현 정부를 비판
하는 등 현실 정치 행보를 계속하고 있다. (중략) 이명박 정부를 향해 정

부의 정책에 대해 비판하는 것은 그 목적이 석연치 않을뿐더러 과거 전직 대통령들과는 달리 어떤 특정 정치적 목적을 갖고 있다는 위험한 인식을 내외에 인식시켜 주고 있는 것이다.」

「5.18 묘지를 참배한 노 전 대통령은 '강물처럼' 이라는 글씨를 방명록에 적고 노무현 지지자들과 의미 있는 만남을 가졌다. '강물처럼' 유유히 흘러 기어코 권력의 바다에 도달하겠다는 권력 의지가 노무현의 심중에 샘솟기라도 하는 듯한 글귀이기도 하다.」

「대한민국을 이토록 수렁에 빠트리고 무조건 대북 퍼주기로 국가 경제를 혼란시켰던 노무현이 반성과 참회는커녕 새로운 정치적 행보와 현정부 정책을 비판하는 행위를 서슴지 않는다는 것은 참으로 어설프고 가소롭기 짝이 없는 파렴치한 모습이다.」

노 전 대통령이 2008년 6월 7일 제 9차 노사모 전국총회에 참석해서 공개한 연설을 두고도 인터넷에는 역시 반발 여론이 일기도 했다.
'노무현' 이라고 해서 무조건 옳다는 것은 아니라는 네티즌들의 성향이 잘 드러난 대목인 것이다.

노 전 대통령은 당시 쇠고기 재협상을 촉구하는 촛불시위 등과 관련해 "정권 퇴진 주장은 헌정 질서에도 맞지 않다."라고 밝혔다. 또 일부 신문이 '재협상에서 정권 퇴진으로'를 제목으로 뽑은 것을 지적하고 원칙적 관점에서 쇠고기 협상이 아무리 잘못됐다 할지라도 정권 퇴진으로 밀어붙이는 것은 헌정 질서에 맞지 않고, 민주주의 질서 속에서도 바람직하지 않다는 견해를 밝힌 바 있다. 노 전 대통령은 쇠고기 협상과 관련한 촛불시위대에 대해서도 청와대로 행진하는 일은 자제했으면 좋겠다."라고 자신의 입장을 피력하기도 했다.

이에 대해 일부 네티즌들은 '노 전 대통령에게 실망했다' '명백한 배신행위다'와 같은 반응을 보이기도 했다. 한 네티즌은 '지금과 같은 시국에서 국민들의 행동에 찬물을 끼얹는 발언은 부적절하다. 이 소식을 접하고 실망을 금할 수가 없었다. 앞뒤 말이 잘려서 조작 방송이 됐다면 이 부분에 관해 철저히 방송사에 시정 요구를 해야 할 것이다. 그렇지 않고 정말 방송되었던 그 말이 진심이셨다면 앞으로는 좀 더 신중을 기하셨으면 한다.'라는 글을 올리기도 했다.

또한 일부 인터넷 언론은 노 전 대통령이 고향 마을로 내려와 유유자적하는 모습이 못마땅하다는 반응을 노골적으로 드러내기도 했다. 방문객들 앞에 나와서 인사하는 그를 '피에로'에 비유하면서 말이다.

「역사는 노무현 전 대통령에게 올바른 책무를 요구하고 있다. 그가 부여 받은 역사적 책무에는 헌정 질서 운운하면서 촛불 시위대를 비판하는 일 따위는 들어 있지 않다. 수명이 길어진 현대에 그는 아직 왕성하게 활동해야 하는 중년이다. 봉하마을에 안주하며 관광객이나 노사모의 방문이나 받으면서 전직 대통령의 안락함에 취하다가는 그는 영락없이 '피에로' 신세를 면치 못할 것이다. 피에로는 익살꾼이다. 그는 무지하지만 순정의 인물이기도 하다. 그는 시대에 대한 비판도 하고 때로는 비극적인 입장에 서기도 한다. 하지만 그의 정체는 한낱 어리석은 광대일 따름이다. 우리는 노무현 전 대통령이 피에로처럼 되는 것을 결코 보고 싶어 하지 않는다.」

인터넷에는 또 노 전 대통령 측이 청와대 인사 자료를 가지고 나왔다는 보도에 대해 다양한 비난의 글이 등장하기도 했다. '재임 중에 대통령이지 봉하마을에서도 대통령이냐. 국가 자료와 인사 자료 40만 명의 인사 파일은 왜 가지고 나가는가. 수사를 촉구해야 하는 일 아닌가.' 와 같은 노골적인 악플도 어렵지 않게 볼 수 있는 것이다.

하지만 이러한 현상에 대해서 노 전 대통령 측은 매우 긍정적인 반응을 보인다. 발전적인 면에서 접근한다면 인터넷 토론 문화가 점차 성숙해지고 있다는 증거로 볼 수도 있기 때문이다. 자신의 의견에 대한 보다 분명한 근거를 제시하고, 합의에 도출하기 위한 다양한 토론을 벌일 수 있는 인터넷 문화 조성의 시발점이라고 긍정적인 평가를 내리고 있는 것인지도 모르겠다.

이른바 인터넷 세계의 '말발'이 다양해지고 거세지고 있는 요즘, 노 전 대통령은 '민주주의 2.0'에서 그렇듯 다양한 절대 다수의 의견을 어떻게 수렴할 것인지, 그리고 과연 또 어떤 해답을 제시할 것인지 자못 궁금해진다.

봉화산과 풍수 이야기

　노무현 전 대통령의 고향인 봉하마을은 얼핏 봐서는 볼거리가 그리 많지 않다. 전국의 산하에 흩어져 있는 보통의 시골 마을과 비교해도 풍광이 그리 대단한 정도는 아니다. 물론 노 전 대통령은 봉하마을 주변의 자연환경에 대해 대단한 자부심을 갖고 있는 것이 사실이다. 고향 마을의 아름다움과 볼거리의 많고 적음은 상당히 주관적인 요소가 많기 때문에 노 전 대통령의 자부심에 대해 다른 견해를 제시할 필요는 전혀 없다. 누군들 자신이 태어나고 자란 고향을 아름답지 않다고 여기겠는가. 게다가 실제로 노 전 대통령의 고향 봉하마을도 찬찬히 뜯어보면 음미할 만한 볼거리가 꽤 많다는 것에 공감한다.

　노 전 대통령이 자신의 홈페이지 '사람 사는 세상'에서 자랑한 봉하마을의 볼거리는 단연 봉화산이다. 노 대통령은 "봉화산은 참 아름답고 신기한 산입니다. 봉화산을 보지 않고는 봉하마을을 보았다고 할 수 없습니다. 해발 150m(지도에는 140m로 되어 있다)밖에 안 되는 낮은 산이지만, 산꼭대기에 올라가 보면 사방이 확 트입니다. 멀리는 겹겹이 크고 작은 산이 둘러 있고, 그 안으로 넓은 들이 펼쳐져 있습니다. 들 가운데로 굽이쳐 흐르는 낙동강을 볼 때마다 손을 뻗어 잡아보고 싶은 충동을 느낍니다."라고 자랑했을 정도이니 말이다.

　실제 봉화산은 봉화마을 일대가 바다와 인접한 낙동강 하구에 위치하

고 있어 140m라는 낮은 높이에 비해서는 주변이 확 트여 전망이 상당히
좋다. 해발 기준점에서부터 산행이 시작되기 때문에 여름이면 정상까지
산행하는데 땀도 좀 난다. 봉화산 주변에는 이렇다 할 높은 산이 거의 없
어 동쪽으로는 낙동강이 펼쳐지고, 북쪽으로는 김해평야의 넓은 들판이
펼쳐져 보는 이들로 하여금 가슴이 확 트이는 느낌을 갖게 한다.

봉화산은 사자바위와 부엉이바위가 단연 압권이다. 필자는 노 전 대통
령이 야권 대통령후보 단일화에 성공한 2002년 11월과 제 16대 대통령
에 당선된 같은 해 12월, 두 차례에 걸쳐 봉하마을을 방문한 적이 있다.
그때 눈길을 끈 것은 단연 봉화산 사자바위와 부엉이바위의 형상이었다.
당시의 사자바위는 누런 황금색을 띄고 있었다. 좀 옅은 황금색인데 바
위에서 강기(剛氣)가 강하게 뿜어져 나와 주변을 제압하는 것처럼 보였
다. 뿜어져 나오는 강기는 진하다 못해 진액이 쭉쭉 흘러나오는 것처럼
멀리서도 찐득찐득함을 느끼게 했다. 섬뜩한 느낌이 들 정도였다. 평소
풍수나 명당에는 별 관심이 없었지만, 산 정상부에서 하강부로 뚝 끊어
져 우뚝 선 사자바위의 범상한 형상과 강기를 보고 풍수에 대해 새삼 생
각해 보기도 했다.

바위산은 기가 세서 기운이 없고 몸이 허약한 사람이 오르면 좋다고
하고, 흙산(육산)은 마음이 허할 때 오르면 좋다는 것은 이미 친숙한 가설

엄청난 크기의 봉화산 부엉이바위.

이다. 우리나라의 대표적 바위산은 설악산이고 대표적인 육산은 지리산이다. 두 가지 분류를 기준으로 할 때 봉화산은 전형적인 바위산이다. 따라서 산 정상부 봉화산 정토원에는 물이 귀하다. 산 전체가 바위산이기 때문에 물이 바위틈으로 스며들어 관정을 뚫어도 물이 풍부하지 못하기 때문이다. 그 대신 수질은 최고의 찬사를 붙여주어도 아깝지 않을 정도다.

또한 봉화산 정토원은 바위산의 정기를 받아 기(氣)가 워낙 강해 발원 축수에 제격이라고 한다. 여기서 발원 축수를 하면 소원대로 이뤄지는 경우가 많아 특히 전국에서 사업 좀 한다는 기업가들이 많이 몰린다. 봉화산의 사자바위와 부엉이 바위는 겉으로 드러난 높이만 50~60m에 달한다. 그 위풍이 정말 당당하다. 산 전체가 대부분 바위이다 보니 드러나지 않은 암반 가운데는 이 보다 큰 것도 많다는 것이 정토원 측의 이야기다.

이와 관련해서 2004년 봉하마을 인근인 김해시 진례면 진례면지편찬위원회가 발간한 진례면지에는 이런 재미있는 내용이 나온다.

「용지산(용제봉) 정상에 비룡승천(飛龍昇天)형 명당이 있는데 여기에 묘를 쓰면 당사자의 후손은 당대에 입조발관(入朝發官)하지만 다른 사람들은 심각한 가뭄 피해를 겪는다. 더러는 금기를 깨고 자손들의 발복을 위

봉화산 정토원 측은 봉화산의 정기를 받았기 때문에
노 전 대통령이 대통령에 올랐다는 믿음을 갖고 있는 것처럼 보였다.
사자바위는 마을 앞 들판 쪽을 향하고 있지만, 부엉이바위는
노 전 대통령의 생가 쪽을 향하고 있어
이러한 주장을 보다 확실하게 뒷받침하고 있다는 해석도 있다.

해 몰래 용지산에 묘를 써 논바닥이 쩍쩍 갈라지고, 벼가 새카맣게 타들어가는 전례 없는 심한 가뭄이 왔고, 김해군은 물론 창원군 농민 수백 명이 용지산을 이 잡듯이 뒤져 명당에 묻힌 시신을 파헤치면 거짓말처럼 동아줄 같은 소나기가 시원하게 쏟아졌다.」

　필자는 백오 장영환 씨가 집필한 '흰까마귀1'에서 언급한 진례면지에 나오는 이 글을 읽고 오랫동안 설화나 구전 소설을 통해 전해 내려오다 보니 가능성은 낮아 보이지만, 구전 과정에서 봉화산이 용지산으로 잘못 알려진 것이 아니냐는 추측을 혼자 해보기도 했다(물론 진례면에서도 걸출한 인물이 많이 나기도 했지만).

　2002년에 고고한 강기를 뽐어내던 사자바위와 부엉이바위도 시간의 흐름 속에 조금 달라진 양상을 보이고 있다. 2008년 5월과 6월에 몇 차례 더 봉하마을을 방문했지만 사자바위에서 예전의 그 강기를 느낄 수는 없었다. 전체적인 형상이 다소 시꺼먼 회색으로 뒤덮인 데다, 바위의 규모도 다소 작아진 것처럼 보였다. 사자바위와 부엉이바위 정상에는 예외 없이 누군가의 무덤으로 쓴 묘터가 남아 있었다. 세월이 얼마나 지났는지 상석은커녕 봉분조차 온전히 남아 있지 않았다. 등산객들의 숱한 발걸음에 씻겨 봉분이 깎이고 깎여 묘터의 형체만이 어슴푸레 남아 있을

뿐이다.

 사자바위의 강기가 최고조에 달한 2002년 그 기를 노 대통령이 받으면서 기가 소진된 까닭은 아닌지, 풍수학자들이라면 혹 설명해 줄 수 있을지도 모를 일이다. 실제로 봉화산 정토원 측은 봉화산의 정기를 받았기 때문에 노 전 대통령이 대통령에 올랐다는 믿음을 갖고 있는 것처럼 보였다. 사자바위는 마을 앞 들판 쪽을 향하고 있지만, 부엉이바위는 노 전 대통령의 생가 쪽을 향하고 있어 이러한 주장을 보다 확실하게 뒷받침하고 있다는 해석도 있다.

 김해시가 김해 지역 관광 홍보를 위해 만든 가이드북에는 "백말이 말뚝에 매어 있는데 할아버지가 고삐를 주면서 타고 가라 했다. 엄청나게 큰 말이 발굽을 내딛는 소리가 우렁찼다."라는 노 전 대통령의 태몽이 소개되어 있다. 이 책에는 또 "노 전 대통령의 생가 터는 좌청룡 우백호라 근처 10리의 봉화산 정기가 모이는 혈의 자리"라는 일부 풍수지리가들의 의견도 함께 싣고 있다.

 봉화산은 숲과 바위가 조화로운 아름다운 명산으로 알려져 대한불교 조계종 종정 고암 대종사와 서옹 대종사가 한때 머물기도 했던 곳이다. 주변이 광활한 평야와 낙동강으로 둘러싸인 봉화산 정상 사자바위에는 날씨가 좋은 봄과 가을철이면 패러글라이딩을 즐기는 사람들도 많이 모인다. 하지만 노 전 대통령의 귀향 후에는 경호상의 문제 때문에 노 전 대통령의 사저 상공으로는 활공을 하지 않는다. 이들은 노 전 대통령의 귀향으로 인해 마음껏 날 수 있는 하늘 한쪽을 잃어버린 셈이다.

패러글라이더에게 손을 흔드는 노 전 대통령 일행.

명물 봉화산, 명소 화포천

봉하(烽下)마을은 봉화산(烽火山) 아래 있는 마을이란 뜻이다. 봉수대가 있는 산에서 유래한 봉화산은 봉하마을 외에도 전국에 여러 개가 있다. 노 전 대통령은 그의 홈페이지를 통해 봉하마을의 명물 봉화산에 올라가 보지 않고는 봉하마을 방문은 헛일이라고 자랑하고 있다.

그의 말처럼 봉화산은 특이한 산이다. 해발 140m에 불과하지만 낙동강 주변의 너른 들판에 홀로 불쑥 솟은 봉우리여서 마치 고봉준령에 서 있는 것처럼 조망이 기막히다. 호미를 든 관음개발성상이 봉하마을을 굽어보고 있는 정상에 서면 무척산, 석용산, 신어산, 분성산 등 김해뿐만 아니라 창원, 창녕, 밀양 등 웬만한 산들이 한 눈에 들어온다.

매년 1월 1일 해맞이 행사 때면 관음개발성상이 서 있는 봉우리에는 인파가 크게 몰린다. 김해의 대표적인 산인 신어산보다 해맞이 인파가 더 몰린다고 할 정도다.

노 전 대통령은 "발아래에는 손바닥 만한 작은 들이 있고, 그 들을 둘러싸고 아내와 함께 소설 이야기를 하며 걸어 다니던 둑길이 장난감 기찻길처럼 내려다보입니다. 당장에라도 내려가서 걸어보고 싶습니다."라며 봉화산에 오른 소감을 말한다. 물론 노 전 대통령뿐만 아니라 봉하마을 주민들 역시 한반도에 이처럼 나지막하고, 사방 조망이 좋은 산은 봉화산이 유일하다며 대단한 자부심을 드러내고 있다.

봉화산의 '호미든 관음개발성상.'

봉화산은 상사초가 군락을 이루어 피는 아름다운 산이기도 하다. 상사초가 군락을 이루는 광경은 이곳 봉화산 외에는 보기가 어려워 만개한 상사초를 보기 위해 전국에서 수많은 사람들이 다녀간다.

봉화산에는 옛 봉수대와 국내 유일의 호미든 관음개발성상(높이 2.48m)이 봉화산 정상에 우뚝 서 나라의 번영과 국민들의 안녕을 염원하고 있다. 숲과 바위가 조화를 이루는 아름다운 명산으로 알려져 전국의 청소년 지도자 수천 명이 매년 봉화산 정토원 수련장을 찾아오고 있다.

30여 년 전부터 김해, 창원, 밀양, 부산 지역 청소년을 대상으로 매년 5월 봉화산 청소년 축제를 개최하고 있는데, 청소년 축제의 경우 많을 때는 한 번에 2천여 명이 참가하는 김해의 대표적인 청소년 축제로 자리 잡고 있다. 하지만 정토원의 수련장 시설이 낡아 2008년에는 해마다 부처님오신날 전후로 열리던 청소년 축제가 열리지 못했다.

사업하는 사람들 사이에 기도 도량으로 유명세를 타고 있는 정토원은 인심도 후하다. 등산객들에게 물은 물론 커피까지 무료로 제공하고 있으며, 끼니때는 무료 공양도 실시한다. 흑룡강성에서 온 동포 할머니 한 분과 부산 송도에서 온 할머니 등 보살 세 분이 맛있는 공양을 제공하는 것. 보살 한 분은 "노 대통령이 봉화산 정토원의 정기를 받아 대통령이 됐다."는 확신에 찬 말을 전하기도 했다.

봉화산 정토원은 노 전 대통령이 어릴 적만 해도 인근 10리 안에 있는 학교들의 단골 소풍 터였다. 김해읍지에 따르면 봉화산 정토원은 가락국의 불교 3대 원찰(願刹)에서 유래되었다고 한다. 3대 원찰은 무척산 모은암, 천태산 부은암, 자암(子庵)으로 봉화산의 옛 이름이 자암산이었다. 이후 수차례 사찰 이름이 변하면서 방치되다가 봉하마을 출신 선진규(75) 법사가 1958년 동국대 총학생회장 시절, 가락국의 불교 성지 복원을 위해 고향 봉화산을 중심으로 농촌 계몽운동을 하기 위해 당시 총장으로부터 지원금을 받아 '봉화사' 라 개명하면서 사찰로서 터전을 잡게 되었다.

선 법사는 봉화산에 서 있는 사명대사상과 정상의 호미든 관음개발성상을 세웠으며 마애불 위를 누르고 있던 커다란 바위를 제거해 마애불이 자유로운 몸이 되도록 하기도 했다. 옆으로 비스듬히 누워 있는 마애불은 고려 시대 유물로 추정된다.

노 전 대통령의 말처럼 봉화산은 산이 높지 않고 능선이 부드러워서 산책하는 것처럼 등산할 수 있다. 또 산이 크지는 않지만 제법 깊은 골짜기가 여러 갈래로 갈라져 있고, 산 능선에는 여러 군데 제법 너른 마당이 있어서 산행하기에 지루하지 않고 아기자기한 재미가 있다. 소나무와 각종 활엽수가 우거져 여름 산행에도 제격이다. 경사가 그리 급하지 않아 가족 산행지로도 적격이다. 다만 하산하는 길을 부엉이바위 쪽으로 잡는

늦은 봄, 마을에서 화포천 쪽으로 내려가면
보리가 누렇게 익어가는 보리밭이 운치 있게 다가온다.
노을 진 저녁에 보리밭을 따라 비포장도로를 걸으면 없던 사랑도 생겨날 정도로
분위기가 좋다는 것이 봉하마을 사람들의 한결같은 이야기다.

다면 경사가 조금 급해서 조심해야 한다. 절 구경을 하지 않고 사자바위를 거쳐 부엉이바위를 다녀오는 데는 30분이면 충분하다.

노 전 대통령이 동양 최대의 습지라고 과장되게 자랑하는 화포천도 놓칠 수 없는 봉하마을의 명물이다. 노 전 대통령의 설명에 따르면 화포천은 봄이 되면 온갖 풀꽃이 파랗게 싹을 내고 색색의 꽃을 피우는데, 그중에서도 흐드러지게 핀 창포는 가슴을 들뜨게 만든단다. 수달을 비롯해 수십 종의 희귀 동식물이 살고 있는 화포천은 차를 타고 한림면과 경계인 배수펌프장 쪽으로 달리면 작은 우포늪이 연상될 정도로 푸근하게 펼쳐진다. 갈대숲 곳곳에는 강태공이 낚싯대를 드리우고 있는 한가로운 풍경이 연출된다. 화포천 갈대로 지붕을 이은 영강사도 눈길을 끈다. 이 절은 관광은 물론 건축학과 민속학 연구의 귀중한 자료로 인정돼 최근 도 문화재로 지정되었다.

철새들이 하늘을 새까맣게 가릴 만큼 내려앉았던 곳이었다고 아득히 회상하는 목소리도 있다. 노 전 대통령은 "지금은 그 모습을 볼 수 없어서 아쉽기는 하지만, 기러기 몇 마리가 줄지어 날아가는 반가운 모습을 더러 볼 수 있어 아쉬움을 덜었습니다. 얼마 지나지 않아 옛날의 그 오리, 기러기들을 다시 불러들이려고 합니다."라고 복원 계획을 밝히고 있다.

화포천 주변도 그렇지만 김해 지역의 전반적인 문제점은 난개발이 심하다는 것이다. 김해시가 세수를 늘릴 요령으로 지난 10여 년간 무분별하게 공장 허가를 내주는 바람에 논 하나, 밭 하나를 지나면 이내 공장 하나가 나타난다. 말 그대로 농지와 공장이 뒤섞여 있는 형태다. 그 때문에 김해 지역을 방문하는 사람들은 하나 같이 "공장을 대규모 공단에 모으고, 농지와 공장용지를 분리했어야 했다."라고 입을 모은다.

대표적인 바위산으로 분류되는 봉화산.

화포천 위쪽에도 공장, 농지 혼재 지역과 진영 농공단지가 있어 환경 오염에 늘 신경을 써야 하는 상황이다.

늦은 봄, 마을에서 화포천 쪽으로 내려가면 보리가 누렇게 익어가는 보리밭이 운치 있게 다가온다. 노을 진 저녁에 보리밭을 따라 비포장도로를 걸으면 없던 사랑도 생겨날 정도로 분위기가 좋다는 것이 봉하마을 사람들의 한결같은 이야기다.

노 전 대통령은 "아직은 밥 먹을 곳도 없고 잠 잘 곳도 없어서 불편이 너무 큽니다만, 올해 안으로 밥 먹고 잠 잘 곳을 해결해 보려고 합니다. 그리고 몇 년 안에는 아름다운 숲, 자연학습 환경, 재미있는 체육 활동 등도 마련할 계획"이라고 밝혔다. 고향 발전을 위한 나름의 각오와 포부가 대단하게 느껴지는 대목이다.

봉하마을이 속해 있는 진영읍과 이웃해 있는 한림면 안하리 화포천 주변에는 김해 사람들이 옛날부터 즐겨 먹던 메기국 전문점 '화포 메기국' (055-342-6266)이 있다. 3대 80년 전통의 '화포 메기국'은 봉하마을에서 8㎞ 정도 떨어져 있어 걸어서 가기에는 무리가 따른다. 승용차로 한림면 소재지를 지나 굴다리를 통과해서 '부산 명동' 방면으로 우회전한 후, 두 번째 좌회전을 하면 식당 간판이 보인다. 외관은 시골 어디서나 볼 수 있는 허름한 집이지만 시원한 메기국은 물론 마늘을 듬뿍 넣어 간

화포천의 아름다운 풍경.

장 구이 방식으로 구운 장어구이도 일품이다. 메기국은 메기를 삶아 뼈와 살을 분리시킨 후 뼈로 끓인 육수에 살코기를 넣고 2~3시간 고아 숙주와 부추, 마늘, 파 등 갖은 양념을 곁들여 낸다.

노무현 전 대통령도 봉하마을에 귀향한 이후 수차례 이곳을 다녀갔다고 한다. 고향의 맛을 그대로 간직하고 있어 '메기 맛이 옛날 그대로'라며 칭찬을 아끼지 않았다고 한다. 노 전 대통령의 생가 마을을 찾아 둘러본 뒤 그가 좋아하는 시원한 메기국 한 그릇으로 허기를 씻어 보는 것도 권할 만한 코스가 되는 셈이다.

진례면 철도대책위원장
장영환 씨

앞서도 이야기했듯이 김해 진영읍 봉하마을은 최근 수년간에 걸쳐 많은 발전을 거듭한 것이 사실이다. 없던 복지관이 생기고, 도로가 정비되고, 제법 근사한 빌라도 들어서고, 봉화산과 화포천도 정비되는 등 대대적인 개발 사업이 이루어졌으며, 현재까지도 진행되고 있다.

자칫 대통령의 고향이라는 이유로 선심 쓰듯 진행되는 특혜로 보일 수도 있다. 김해시에 따르면 봉하마을에는 10개 부분에 모두 75억 원의 예산이 투입되었다. 김해시가 말하는 10개 사업이란 종합복지관 건립, 생가 복원에 따른 안내소, 관광객 휴식 마당 설치, 농기계 보관소, 체험 프로그램(농촌 전통 테마 마을) 육성, 공동 주차장 설치, 생태 수로 정비, 마을 쉼터 조성, 화포천 일대의 생태 체험 시설과 생태 교실 및 생태 파크 조성, 봉화산 웰빙 숲 조성 사업 보조, 한림면 화포천 생태 복원 사업 등이다.

그 중에서도 화포천 생태 복원 사업은 새로운 관광 모델을 제시할 것으로 기대된다. 낙동강 수계인 화포천은 천연기념물인 수달과 황조롱이, 보호 야생동물인 말똥가리, 안락개구리 매, 수리부엉이, 남생이 등이 발견되는 것을 비롯해 무려 290여 종의 동식물이 살고 있는 자연의 보고이다. 2008년 경남 창원에서 개최되는 람사르 총회를 계기로 우포늪에 버금가는 평가를 받아 곧 습지 보호 구역으로 지정될 가능성이 높다.

환경보호가 거스를 수 없는 시대적 아이콘으로 자리 잡아 가고 있는 이즈음이다. 희귀 동식물의 서식 환경을 개선하고, 새나 곤충 등의 생물학적 다양성을 증진한다면 화포천은 더없이 훌륭한 관광 자원이 되고도 남을 것이다. 전남 함평군의 나비 축제도 보잘 것 없는 나비 하나가 엄청난 대박으로 이어졌으니 환경 종합선물세트나 마찬가지인 화포천도 그만한 가능성이 있는 것으로 보인다.

관광 산업과 친환경 농업이란 두 마리 토끼를 한꺼번에 잡은 함평 나비 축제는 2008년 130만 명이 넘는 관광객이 다녀가 입장료 수입만 100억 원에 달했을 정도다. 한 마디로 관광 대박을 거머쥔 셈이다. 이런 이유 때문에라도 진영읍과 봉하마을 사람들은 대체로 노 전 대통령의 귀향을 두 손 들고 반기고 있다.

하지만 대통령의 귀향을 다소 씁쓰레한 마음으로 지켜보는 이들도 있다. 봉하마을의 지척에 있는 사람들 중에 노 전 대통령으로 인해 피해를 입었다고 생각하는 이들이 적지 않은 것이다. 인근 진례면 일부 주민들과 장영환 철도건설반대대책위원장 같은 사람들이다. 일부 강경 진례 주민들은 한때 노 대통령의 귀향 계획이 알려지자 반대 의사를 분명히 하고, 귀향 사저 공사 방해 등 구체적인 귀향 봉쇄 행동에 나서기로 뜻을 모으기도 했었다. 물론 노 전 대통령의 귀향 당시, 이들의 의도는 김해

일부 강경 진례 주민들은 한때 노 대통령의 귀향 계획이 알려지자
반대 의사를 분명히 하고, 귀향 사저 공사 방해 등
구체적인 귀향 봉쇄 행동에 나서기로 뜻을 모으기도 했었다.

시민들의 대대적인 환영 행사에 묻혀 크게 알려지지 못했고, 실제 행동으로 옮겨지지도 않았다. 하지만 지금까지도 이들은 노 전 대통령과 화해하지 않고 있는 것이 엄연한 현실이다.

귀향에 반대한 진례면 이웃들의 속내는 무엇일까? 그 중심은 철도 문제에 있다. 간간이 언론에 보도되기도 했던 철도 문제의 속내는 이렇다.

부산과 진해 경계 지역에 30여 개 선석을 갖춘 부산신항이 생기자 당연히 컨테이너를 수송할 배후 철도 신설이 불가피하게 되었다. 여기다 경부고속철도도 변수로 등장했다. 경부고속철도가 완공되면 기존의 대구~밀양~부산은 화물 운송을 주로 맡고, 대구~경주~울산~부산 구간이 여객 운송을 담당하게 된다. 하지만 대구~밀양~삼랑진 구간이 이미 경부고속철도 건설에 따라 전철화 되어 있어 그저 화물 기능만 맡긴 채 놀리기는 아까운 상황이었다. 이에 따라 경전선과 경부선 일부 구간을 전철 복선화하여 연결하고, 신항만 배후 철도를 연결하는 방안이 추진된 것이다.

이에 따라 기획예산처(현 기획재정부)가 경부선과 신항만 배후 철도 경전선을 연결하는 문제를 KDI(한국개발연구원)에 용역 발주, 신항만 배후 철도 예비 타당성 조사보고서가 1999년 11월, 경전선 삼랑진~마산 구간 전철복선화 사업 예비 타당성 보고서가 2000년 7월 각각 나오게 되었다.

이 과정에서 철도 선형 및 역사 위치가 오락가락하게 되었다. 2003년 10월, 배후 철도 기본 계획에 따르면 진례면 담안리에 설치키로 되어 있던 신(新) 진영역이 대안 노선을 만드는 과정에서 노무현 대통령 고향 마을 인근인 진영읍 설창리로 변경되기에 이른 것이다.

신항만 배후 철도는 신항만~김해 장유신도시~진례면~진영읍을 거쳐 경전선 한림정역으로 이어지는 38.8km 구간이다. 결국 역사는 진영 쪽에 설치되고, 진례 들판 한가운데를 철도가 양분하게 되자 진례 주민들이 들고 일어난 것은 당연했다. 이를 유치할 경우, 인근이 역세권으로 바뀌어 땅 값이 치솟는 도심 지하철역과 달리, 이곳의 철도는 지역을 양분하는 등 부작용만 낳게 될 뿐 별다른 이점을 찾을 수 없게 되는 것이다. 게다가 역사는 진영 쪽으로 가고, 철도만 덩그러니 진례면 쪽에 놓이게 되자 진례면 사람들이 두 눈에 불을 켜고 반대하는 이유에도 설득력이 있는 셈이다.

진례면 철도대책위원회는 지난 2004년 3월 30일, 진례면과 장유면 내덕리, 칠산서부동 주민 500여 명이 참석한 가운데 김해시청 앞에서 배후 철도 노선의 통과를 반대하는 집회를 갖고 집단 반발의 수위를 높였다. 대책위는 진례와 장유 등지의 시가지 중심을 통과하도록 설계된 배후 철도 노선은 외곽으로 우회해야 한다고 주장하고 있다. 대책위는 또 노선과 역사 위치가 몇 차례 오락가락하는 과정에서 역사 입지가 노무현 전 대통령의 생가인 봉하마을 쪽으로 간 것은 당시 노 대통령 주변의 외압 때문이었다고도 주장했다.

철도 역사 이설에 끝까지 반대한 주민들의 중심에는 대책위 장영환 위원장이 있었다. 장 씨는 법대를 졸업한 뒤 사법시험 공부를 하다 향촌에 묻혀 농업에 종사하던 중 자신의 향촌이 철도로 양분될 위기에 놓이자 주민들 앞에 깃발을 들고 나서게 된 인물이다. 그는 대학과 사시 공부 과정에서 익힌 법률 지식을 총동원해서 각종 가처분신청과 정식 소송을 제기하는 등 농업인 본업을 전폐하다시피 한 채 반대 투쟁에 나섰다.

장 위원장은 2004년 12월 말부터 1월까지 신항만 배후 철도 진례 통과 구간에 대한 전면 재검토를 요구하며 살을 에는 바람을 견디고 청와대 앞 1인 시위를 벌이기도 했다. 그는 '진영역사 이전 목적 철도 노선 전면 재검토하라' '노무현 대통령, 김세호 차관, 송은복 김해시장은 진영 철길의 진실을 밝히고 바로잡아 달라' 며 목이 잠기도록 외치고 또 외쳤다.

그는 여기에 그치지 않고 주민들과 힘을 모아 그 이듬해, 당시 노 대통령과 추병직(秋秉直) 건설교통부 장관, 정종환(鄭鍾煥) 한국철도시설공단 이사장 등 3명을 특정범죄가중처벌 등에 관한 법률 위반(국고 손실) 혐의로 서울중앙지검에 고발하는 등 수년에 걸친 법정 투쟁을 벌이기도 했다. 장 위원장은 고발장에서 "1996년부터 해양수산부가 추진해 오던 신항만 배후 철도 계획 노선을 공사 수탁기관인 철도청이 2000년 12월 대폭 변경함으로써 추정 사업비가 6,637억 원에서 9,235억 원으로 증가했다."며 "당시 해양부 장관이던 노 대통령은 이를 막지 못한 책임이 있다."라고 주장했다. 그는 "노선 및 역사(驛舍) 위치의 변경과 노 대통령의 고향인 진영읍 개발은 무관하지 않다."며 "실시 승인 취소와 공사금지 가처분신청을 법원에 내는 등 투쟁을 계속할 것"이라고 말했다.

하지만 거대 국가 조직에 일개 면민들이 대항하기에는 어쩌면 처음부터 역부족이었는지도 모른다. 그의 대학 동기와 친인척 및 지인들은 그가 권력과의 투쟁에서 행여 몸과 마음에 상처를 입지 않을까 우려해 만류하기도 했다.

실제로 장 위원장 역시 자신의 투쟁이 한계에 다다랐다고 느꼈는지 2007년 11월, 4년에 걸친 투쟁 기록을 모아 '흰까마귀1' 이라는 책을 발간했다. 그리고는 노 전 대통령이 귀향하던 날에도 발간한 책을 들고 봉하마을에서 1인 침묵시위를 벌였다. 이처럼 오랜 세월에 걸친 그의 투쟁은 아직도 끝나지 않은 것처럼 보인다.

물론 진영 사람들이 주장하고 있는 것에 대한 봉하마을 사람들의 반발도 적지 않다. 그들은 "철도청이 부산 신항만 배후 철도 설계를 직선 코스에서 'ㄷ' 자로 변경함으로써 철도가 봉하마을을 거쳐 가게 되었다고 마치 무슨 특혜나 압력으로 철로 설계가 변경된 것처럼 지적하고 있지만 사실이 아니다. 철길은 수십 년 전부터 'S' 자 코스였으며 봉하마을에서 먼 곳을 지나가고 있다. 그리고 봉하마을 주변 어디에도 철도 역사(驛舍)가 없다. 오히려 철길이 마을과 마을을 갈라놓아 장애물이 될지언정 결코 봉하마을에 득이 되는 것은 없다."라고 주장하고 있다.

봉화산 정상에서 바라본 마을 전경.

'돌콩' 노무현

'돌콩'은 작고 야무지면서도 귀엽다는 의미이다. '돌콩'은 쌍떡잎식물 장미목 콩과에 속하는 한해살이 덩굴식물인데, 그 열매가 털이 많으면서도 단단한 것이 귀여운 인상을 주는 모양이다.

바로 이 '돌콩'은 노 전 대통령의 어릴 적 별명이기도 하다. 그는 어린 시절부터 머리가 비상해 '노천재'라는 별명이 붙었지만, 이와 함께 덩치가 작고 야무지다는 의미에서 '돌콩'이라는 별명으로도 통했던 모양이다.

노 전 대통령의 형인 노건평 씨에 따르면 동생은 여섯 살 때 이미 천자문을 달달 외웠다고 한다. 순서 하나 안 틀리고 천자문을 완전히 통달해 주위 어른들을 놀라게 했다고 한다. 노건평 씨는 "머리 하나는 비상했는데 노력형은 아니었다. 오히려 좀 게으른 편이었다."라고 당시를 회고했다.

노 전 대통령이 어릴 당시, 진영 대창국민학교는 한 학년이 60~70명씩 3개 반으로 전교생이 1천2백여 명에 달했다(소도시 읍 단위 학교로는 특이하게 진영은 최근에도 한 해 인구가 5백여 명씩 늘어 지금도 학생 수가 1천2백 명 정도이다). '돌콩' 노무현은 대규모 학교인 진영 대창국민학교에서 언제나 전교 수위의 성적을 보였다. 어릴 적부터 언변도 매우 좋아서 일이 생기면 원인부터 과정은 물론 해결책까지, 마치 누에고치에서 명주실이 나오듯 척척 제시해 어른들조차 감탄할 정도였단다.

'돌콩' 노무현은 대규모 학교인 진영 대창국민학교에서
언제나 전교 수위의 성적을 보였다. 어릴 적부터 언변도 매우 좋아서
일이 생기면 원인부터 과정은 물론 해결책까지, 마치 누에고치에서
명주실이 나오듯 척척 제시해 어른들조차 감탄할 정도였단다.

노 전 대통령의 죽마고우인 이재우 진영농협 조합장은 어린 노무현에 대한 다양한 기억들을 간직하고 있는 사람이다. 어린 시절 노 전 대통령은 그리 건강한 체질은 아니었고, 특히 배탈을 앓는 경우가 많았다고 한다. 당시는 구충약이나 위장약이 별로 없었을 때여서 잦은 배탈로 몸이 약했지만 '깡다구'가 워낙 세서 아무도 섣불리 대하지는 못했다고 한다. 그럼에도 불구하고 진영 대창국민학교에 함께 다닐 때, 노 전 대통령과 함께 종종 수업을 빼먹고 논두렁이나 산에서 한껏 뛰어놀았다고 옛 일을 회상한다. 얼마 전 대창초등학교에서 학적부를 뒤져 볼 기회가 있었는데, 학교를 빼먹고 땡땡이를 많이 쳐 결석 처리 일수가 꽤 많더라는 이야기도 덧붙였다.

노 전 대통령은 덩치는 작았지만 좀 별난 아이 축에 속했다. 남산만한 덩치를 가진 동네 아이들도 딱지치기나 구슬치기를 하면 영리한 노 전 대통령에게 당하기 일쑤였고, 언제나 기발한 놀이를 제안해 주위의 이목을 끌었다고 한다.

어린 '이재우'와 '돌콩'은 학교에서 종종 쫓겨나기도 했다. 가정형편이 어려워 공납금을 제때 못 냈기 때문에 공납금을 가져 오라며 학교에서 집으로 돌려보내는 경우가 적지 않았기 때문이다. 그럴 때면 이들은 논두렁이나 산에서 고구마 도시락을 까먹고 놀다 학교가 파할 시간이 넘

어서야 집으로 돌아가곤 했다.

이 조합장이 어린 시절 친구 '돌콩'에 대해 매우 높이 사는 부분이 있다. 그것은 바른 인사성에 관한 것이다. '돌콩'은 언제 무엇을 하던 마을 어른이 보이기만 하면 즉시 하던 일을 멈추고 달려가 손을 모으고, 허리를 굽혀 공손하게 인사했다고 한다. 어린 마음에 어른들에게 인사하는 것이 부담스러워 의도적으로 못 본 척 피할 법도 한데, '돌콩'은 어쩌면 그렇게도 공손하게 인사를 잘할 수 있었는지 지금 생각해도 참 대단한 아이였다는 기억이란다. 그렇다면 사저에 찾아오는 방문객들에게 많을 때는 하루에도 10번 이상씩 인사하는 노 전 대통령의 손님맞이는 어쩌면 어린 시절의 인사 습관에서 비롯된 것일지도 모르겠다.

노 전 대통령과 함께 권양숙 여사에 대한 주변 사람들의 기억도 생생하다. 그들의 표현을 그대로 빌리자면 '어릴 적부터 동네에서 보기 드물게 똑똑하고, 인물이 반반했다'는 것이다. 권여사는 당초 부모가 마산 진동, 진전 쪽에서 살다 초등학교 2학년 무렵에 봉하마을로 이사한 인물이다. 똑똑하고 행동거지가 분명해서 주변 사람들로부터 칭찬이 자자했단다.

한 가지 특이한 것이 있다면 노 전 대통령의 형님인 노건평 씨조차도 동생이 집에 결혼하겠다는 의사를 밝히기 직전까지 둘의 연애 사실을 몰랐다는 것이다. 가족은 물론 가까운 형님에게조차도 공개하지 않았던 '몰래한 사랑' 인 셈이다.

3년 후배인 이기우 씨에 따르면 선배인 노 전 대통령은 후배들에게 따뜻한 정을 나눠 주는 사람으로 통했다고 한다. 봉하마을의 명물인 쇠고기 국밥집을 운영하고 있는 새마을부녀회장 김분옥 씨의 부군 이 씨는 노 전 대통령이 가장 아끼는 고향 후배다.

어린 시절 선배인 '돌콩' 의 보호를 받으며 10리나 떨어진 진영 대창국민학교까지 걸어서 통학했다는 것이 그의 기억이다. 당시는 마을 가구마다 아이들이 서너 명씩 되어 봉하마을에 사는 또래 10여 명은 언제나 한데 뭉쳐 학교를 다녔다고 한다. 노 전 대통령은 마을 건너편 과수원에 움막을 지어 놓고 사시 공부를 했는데, 그때도 가끔씩 마을로 건너와 후배인 자신의 이야기를 듣거나 격려를 아끼지 않았다고 한다. 이 씨에 따르면 당시 노 전 대통령과 열애 중이던 권 여사는 사시 공부에 빠져 있는 연인을 위해 밥을 지어 움막까지 날랐다고 한다.

이 씨는 자신의 논을 노 전 대통령이 도입하고자 하는 오리농법을 위해 흔쾌히 쾌척하기도 했다. 이처럼 노 전 대통령의 주변 사람은 지금 노전 대통령이 다시 고향으로 돌아와 오리농법을 시행하고, 장군차를 심고, 환경보호 운동을 벌이는 데 대해 뿌듯한 자부심을 갖고 모든 사업들

이 성공적으로 이루어지기만을 학수고대하고 있다. 어릴 적의 좋은 기억
을 고스란히 간직하고 있는 사람들이니 노 전 대통령에게는 마을 전체가
든든한 바람막이이자 마을 주민 모두가 후원자인 셈이다.

주민들과 함께한 마을 총회.

여러분, 안녕하세요?

홈페이지에 올린 글들 잘 보고 있습니다. '과연 노짱이 이 글을 읽을까?' 이런 글도 보았습니다. 물론 봅니다. 그러나 일일이 다 볼 수가 없습니다. 글이 너무 많이 올라오니까요. 띄엄띄엄 읽어도 많이 감동한답니다. 글을 읽으면서 과분한 격려에 황송하고 미안한 마음입니다. 여러분을 실망시키지 않도록 살려면 앞으로도 참 힘들게 살아야겠구나 생각하면 부담스럽기도 합니다.

홈페이지는 되도록 빨리 개선할 것입니다. 주제를 가지고 주고받는 이야기가 되도록 할 것입니다. 이미 기획안을 넘겨 시스템을 개발 중입니다. 지금 기획하는 것은 '자료 관리'에 관한 것입니다. 대화와 토론, 연구의 방식으로 운영하면 좋은 자료가 축적될 것입니다.

여러분이 올리는 자료 중에는 참 좋은 자료들이 많이 있습니다. 이런 자료들을 잘 분류하고 다듬어서 축적해 두고, 저나 여러분이 더 쉽게 접근하고 활용할 수 있게 만들어 놓으면 참 편리할 것이라는 생각이 들어서 자료 관리 사이트를 기획하고 있습니다. 회원 활동을 편리하게 할 수 있는 기능도 개발할 예정입니다.

책을 읽고 새로운 지식이나 지혜를 발견했을 때, 깊이 생각하여 새로운 이치를 깨달았다 싶을 때, 혼자 생각한 이치를 훌륭한 사람이 쓴 책에서 다시 확인했을 때, 저는 행복을 느낍니다. 어떤 때는 기쁨을 주체하지 못하여 일어서서 방안을 서성거리기도 합니다.

새로운 프로그램을 기획하고 개발하는 일도 그만한 기쁨입니다. 물론 프로그램은 전문 업체에 맡겨서 하고 있습니다만, 기획은 제 손으로 하고 있습니다. 이미 나와 있는 프로그램 가운데 제가 구상하는 기능에 꼭 맞는 시스템을 찾지 못하여 부득이 직접 개발하려고 하는 것입니다.

그런데 며칠째 작업을 중단하고 있습니다. 고향 사람들에게 신고식도 하고, 찾아오는 사람들과 인사도 나누고, 짐도 풀고, 새로운 생활을 준비도 해야 하고, 그러다 보니 차분하게 생각하고 글 쓰는 일을 할 수가 없습니다. 이 글 쓰고 있는데, 점심 먹자는 연락이 왔군요. 그런데 대문 밖에선 손님들이 나오라고 아우성입니다.

잠시 나가서 인사하고 와야겠습니다.

어제 오전에는 부산 민주 공원에 가서 참배하고 왔습니다. 오후에는 각 지역 노사모 대표 일꾼들과 봉화산에 다녀왔습니다. 한 시간짜리 코스였는데, 아이들과 하이힐을 신은 사람들과 함께 걷다 보니 두 시간이 걸렸습니다. 저녁에는 그 사람들과 진영에 나가서 삼겹살에 소주 한 잔을 곁들였습니다. 가서 보니 삼겹살 가게 주인이 먼 촌수의 집안 조카였습니다.

점심 먹고 몇 줄 쓰고 있는데 대문 밖에 또 난리가 났습니다. 이제 나가면 화포천까지 산책을 다녀올 생각입니다. 가며오며 만나는 사람들과 악수도 하고 사진도 찍을 생각입니다. 며칠 전처럼 또 길이 막혀 도망가야 할지도 모르겠습니다.

홈페이지에 올라온 글에 대하여 느낌 몇 가지 써보려고 글을 시작했
는데, 다음으로 미루고 여기서 글을 마쳐야겠습니다. 홈페이지 이야
기는 다시 쓰겠습니다.
여러분 안녕히 계십시오.

출처_사람 사는 세상(www.knowhow.or.kr)

"퇴임 후에도 고향 마을에서 날 좀 도와주세요"

노 전 대통령은 퇴임이 얼마 남지 않은 2007년 말, 청와대 비서관 세 사람을 조용히 불러 봉하마을 행을 제의했다. 이에 따라 노무현 전 대통령의 귀향길에는 재임 시절 청와대에서 노 전 대통령을 보좌해 온 김경수 비서관과 이성호 비서관 등 비서관 세 사람과 여직원 한 사람이 동행했다. 전직 대통령에 대한 예우에 관한 법률에 따라 별정직 1, 2급 공무원 신분을 갖게 된 이들 비서관과 여직원은 청와대에 있을 때부터 노 전 대통령이 고향에서 펼칠 친환경 운동과 농촌 살리기 운동에 깊은 관심과 이해를 가져왔다. 봉하마을에서 같이 농부가 되자는 제의를 흔쾌히 받아들인 것이다.

비서관들 가운데 청와대 연설기획 비서관으로 근무 시절 '청와대의 손석희'로 인기를 모았던 김경수 비서관은 도회적 이미지가 강한 인물이다. 그런 그였지만 서울 생활에 대한 털끝만큼의 미련도 없이 노 전 대통령을 따라 봉하마을로 내려왔다. 도시에서 살다가 귀농하는 일, 게다가 낯설기만 한 농사를 지으며 산다는 것이 결코 쉬운 일은 아니었을 텐데도 그렇게 선뜻 따라나선 것을 보면 노 전 대통령에 대한 믿음이 어느 정도인지 쉽게 가늠할 수 있다.

이들은 대부분 노 전 대통령의 퇴임과 함께 가족까지 모두 동반해 봉하마을로 내려왔다. 본인도 물론이지만 가족들로서는 더더욱 쉽지 않은 결정이었을 것이다. 가족 일부가 서울에 있을 경우, 교통편이 좋지 않은 서울과 봉하마을을 오가는 것이 현실적으로 쉽지 않다. 또 방문객이 많은 주말과 휴일에는 농사일 이외에도 방문객 맞기 등으로 할 일이 더 많아 아예 봉하마을에서 몸을 빼기가 불가능한 형편이다. 결국 그 모든 이유로 인해 가족 전체의 귀향이라는 결론을 내린 것이겠지만, 보좌관과 가족들은 무엇보다 보좌 업무에 전력투구해야 한다는 이유로 봉하마을 행을 망설이지 않았다고 한다. 노 전 대통령의 최측근인 이들은 봉하마을에서 마땅한 집을 구하지 못해 승용차로 10분 거리에 있는 진영읍에 아파트를 구했다.

서울에서 내려온 비서관들의 자녀들은 대부분 진영읍 내에 있는 학교로 전학했다. 김경수 비서관은 이에 대해 "비서관들 모두 자녀들이 초등학교나 중학교에 재학 중이어서 이 시기에는 시골에서 자연과 벗하며 마음껏 뛰노는 것이 정서 함양에도 큰 도움이 되는 것으로 생각하고 있다."라고 말했다.

이런 속사정과 달리, 봉하마을 방문객들 중에는 노 전 대통령의 사저 반대편에 있는 빌라가 비서관들의 거처라고 생각하기도 하는 모양이다. 2층짜리 14가구로 구성된 이 빌라는 부산 지역 한 건설업체가 노 전 대통령의 친지나 친구들이 이주할 것을 예상해 지은 것으로 처음부터 비서관들이 거주할 공간은 아니었다. 그러나 귀농한 이들이 진영읍에 거주지를 정하는 바람에 이 빌라는 이주자를 맞지 못했다.

그러던 차에 노 전 대통령의 후원자인 부산 지역 섬유업체 대표 강모 회장이 빌라를 인수했다. 강 회장은 이 빌라를 거점으로 '(주)봉화'를 설립하고, 농촌 테마 마을 조성 사업 등과 연계해 마을 발전을 위한 다양한 사업을 준비 중인 것으로 알려졌다. 이로 인해 노 전 대통령의 친환경 마을 소득 향상 사업은 이제 주식회사 형태로 체계를 강화할 것으로 전망된다.

세 명의 비서관들 중에서 김경수 비서관이 공보를 맡고, 이성호 비서관이 생가 복원 사업과 농사를 맡는 등 일을 나눠 맡고 있다. 비서관들은 아침 회의에서 시작해 오리농법 등 농사일과 차나무 가꾸기, 손님 맞기, 홈페이지 관리하기 등으로 휴대폰 전화 받을 시간도 없을 정도로 바쁜 일과를 보내고 있다. 비서관들은 특히 마을 주민들의 농사와는 별도로 5백 평 정도의 논에 오리농법을 도입해 직접 벼농사를 짓고 있다. 본격적으로 농사일에 입문한 것이다.

봉하마을에는 귀농한 비서관들 이외에도 재임 시절 청와대에서 노 전 대통령을 보좌하던 수석 비서관 등 10여 명이 매일 출근하다시피하면서 노 전 대통령을 돕고 있다. 이 중에는 청와대 민정 수석를 지냈던 이호철

미나리를 구입한 방문객과의 기념 촬영.

씨도 있다. 이 전 수석은 퇴임 전 청와대에서 측근들과 식사를 함께 하던 노 대통령이 "여기 취직 걱정해야 하는 사람 있는가?"라고 물었을 때 "아닙니다. 저는 오라는 곳이 많습니다."라고 말해 웃음을 자아내게 했다. 그러자 당시 노 대통령은 "남의 속도 모르고 하는 소리인지 모르겠는데, 그러면 백수가 되는 사람은 나뿐인가?" 하고 되받아쳐 웃음꽃을 피웠다고 한다. 그렇듯 갈 데 많은(?) 이 전 수석이었지만 출근하는 데만 두 시간이나 걸리는 부산 해운대 자택에서 매일같이 봉하마을로 출근하고 있으니 참 대단한 의리(?)가 아닐 수 없다.

이 전 수석은 특히 노 전 대통령이 봉하마을로 내려 온 뒤 노 전 대통령 사저로 들어오는 좁은 골목길에서 인근 마을에서 온 한 할머니가 미나리를 놓고 팔면서 방문객들의 출입에 방해가 되자 할머니가 팔던 미나리를 몽땅 구입해 방문객들을 위해 길을 열어 주기도 했다는 후문이다. 그도 그럴 것이 마을 사람들은 노점상이 많아지자 방문객들에게 방해가 된다며 사저 입구 골목길에서는 노점을 열지 않기로 하고, 마을 복지회관 앞에서 장터를 열기로 협의했던 차였다. 하지만 저간의 사정을 이해하지 못한 할머니는 막무가내였던 것이다. 이 전 수석은 김경수 비서관 등과 함께 구입한 미나리를 봉하마을 복지관 앞에서 방문객들에게 되팔았다. 이 전 수석 등은 미나리를 사는 사람에게 함께 사진을 찍어 주는 서비스를 제공해서 보는 이들에게 잔잔한 감동을 주었다고 전해진다.

이들 김경수 비서관과 이성호 비서관 등은 요즘, 노 전 대통령의 생가 복원 사업과 관련 수시로 김해시청과 긴밀한 협의를 하고 있다. 김 비서관은 "노 전 대통령께서도 많은 의견을 내놓으시고 계신다."면서 "좋은 작품이 나올 것으로 기대해도 좋을 것이다."라고 당찬 기대를 표명했다.

일정한 임기가 없는 비서관들은 여건이 허락하는 한, 노 전 대통령이 가는 길을 함께할 계획이다. 비서진뿐만 아니라 경호팀들도 노 전 대통령과의 동행을 계속하고 있다. 노 전 대통령의 사저는 전경들이 경호하지만, 노 전 대통령의 동선은 청와대 경호팀이 밀착 경호하고 있다. 그림자 경호가 생명인 경호팀 가운데 일부는 서울과 봉하마을을 오가고 있는 것으로 알려졌다.

노 전 대통령과 동행하는 사람들 가운데는 자원봉사자들을 빼놓을 수 없다. 자원봉사자들은 나무심기, 거름 옮기기, 논에 모내기 등 험한 일과 궂은일을 가리지 않고 최선을 다하고 있는 모습이다.

아름다운 동행.

노 전 대통령과 뜻을 함께하는 사람들의 마음속에는 어쩌면 그런 생각이 담겨 있을지도 모르겠다. 그리고 그들을 바라보는 사람들 역시 '아름다운 동행' 이라는 말에 이의를 제기하지 않는다. 한마음 한뜻이 되어 한

길을 가고 그들이 과연 얼마나 아름다운 결과를 만들어 내게 될 것인지
자못 기대된다.

자원봉사자들과 담소중인 노 전 대통령.

퇴임 대통령의 귀향으로
다시 조명되는 제 4의 제국, 가야

노 전 대통령의 귀향으로 새삼스럽게 가야가 주목받고 있다. 가야는 고구려, 백제, 신라가 삼국 시대를 형성했을 때, 한반도 남쪽 중앙에서 당당하게 국가 체계를 갖췄으나 역사의 주역으로 편입되지 못했던 아픔을 간직하고 있다. 문헌 자료가 적은데다 그나마도 신화적인 요소가 많아 진위 입증이 어렵다는 이유로 우리 역사에서 언제나 홀대를 받기도 했다. 김해 지역을 중심으로 찬란한 철기 문화를 꽃피웠으며, 그 문명을 일본에까지 전해 준 것으로 알려지기도 했지만 안타깝게도 잊혀진 제국이 되고 말았다.

그런데 최근 들어 방송사가 잇따라 가야의 역사를 재조명하고 있는데다, 가야를 다룬 드라마도 조만간 방송을 탈 준비를 하고 있다. MBC가 준비하고 있는 대하드라마 '제 4의 제국'은 최인호 작가의 동명 소설로 조명한 가야의 역사를 50~70부 규모의 정통 대하 사극으로 그려 낼 계획이다. 이 드라마는 김해시 동상동 분성산에 있는 가야 역사 테마 파크 등에서 촬영되고 있으며, 2009년 하반기 무렵 전국에 방영될 예정이다.

이렇듯 가야의 역사가 재조명되고 있는 데는 김해시의 노력이 컸다. 김해시는 지난 2006년, 가야 역사를 주제로 한 역사 소설 '제 4의 제국'이 출간된 이후 KBS에 4부작 다큐멘터리 제작을 의뢰한 데 이어 MBC와도 정통 대하 사극 제작과 관련하여 긴밀한 협조 관계를 맺고 있는 까닭이다.

'제 4의 제국'은 고구려(왕도의 비밀), 백제(잃어버린 왕국), 신라(해신)에 대한 역사 소설을 집필한 최인호 씨의 한반도 고대사 완결 작품이라고도 할 수 있다. 작가는 2004년부터 2006년까지 16개월 간 부산일보에 '제 4의 제국'을 연재하면서 김해와 일본은 물론 인도까지 직접 찾아가서 가야의 역사와 관계가 있는 모든 자료를 모았다고 한다. 작가는 충실하지 못한 가야사를 바탕으로 마치 역사학자가 가야사를 주체적으로 재복원이라도 하듯 한 편의 소설로 완성해 낸 것이다.

소설은 김해 대성동 13호 고분에서 나온 파형동기에서 시작해 추리와 고증을 통해 가야와 일본, 백제 사이에 얽힌 엄청난 비밀들을 풀어 나간다. 천손족을 자칭하며 우물 안 개구리처럼 국수주의 역사관에 사로잡혀 역사 왜곡을 일삼는 일본, 그들의 뿌리와 그들이 자랑하는 천황의 역사가 어디에서 누구로부터 시작되고 발전되었는지를 통쾌하게 그려내고 있다.

노 전 대통령의 귀향을 계기로 가야에 대한 역사 바로 세우기 작업 및 유물 유적 정비 사업도 더욱 활기를 띠고 있다. 김해시는 2008년 3월 김해 지역 도 지정 문화재 19개와 문화재 자료 11개에 대해 현장 조사를 실시하고, 주촌면 양동리 양동산성 등 5개의 문화재에 대한 보수에 나섰다. 3억 원 규모의 예산을 들여 2~4세기에 축조된 것으로 알려진 주촌면의 양동산성(도 지정 문화재 91호) 전체 860m에 달하는 성곽 가운데 남문 인근 구간을 정비하고, 발굴 조사를 거쳐 국가 사적 지정을 문화재청에 신청할 계획이다.

김해시는 또한 생림면 봉림리의 마현산성(도 지정 문화재 150호)에도 2억 원의 사업비를 들여 460m 성곽 일부를 복원하고 있으며, 분성산 서남쪽 기슭에 있는 구산동 백운대 고분군(도 지정 문화재 223호) 역시 6천만 원의 사업비를 투입해 민간인 소유 708㎡의 부지를 매입, 정비할 방침이다. 이러한 복원 계획이 완성되면 가야의 실체가 더욱 또렷해질 것으로 기대된다.

김해시는 이와 함께 고려 시대의 유적으로 추정되는 구산동 마애석불(도 지정 문화재 186호) 역시 복원 작업을 시행하기로 했다. 숭례문 화재를 교훈 삼아 복원 사업을 벌이면서 보수와 정비 이외에 화재 예방 시설도 점검 보완할 계획이라고 하니 반가운 일이 아닐 수 없다.

'제 4의 제국' 부활에 큰 몫을 한 봉하마을도 '농촌 전통 테마 마을' 로 변신을 꾀하고 있다. 김해시와 한국문화관광연구소는 노 전 대통령의 귀향 이후, 농촌 전통 테마 마을 조성 설명회를 개최하고, 2억 원을 들여 '노 전 대통령' 그리고 '농업과 생태를 활용한 체험' 이란 주제로 '용의 기운과 차 향기 가득 찬 봉하마을' 조성 사업을 2009년부터 추진하기로 했다. 여기에서의 사업이란 미꾸라지와 메기 잡기, 벼농사 짓기, 산딸기·장군차 채취 등의 체험 활동과 노 전 대통령 생가 견학, 봉화산 숲, 화포천 산책 등의 프로그램을 결합해 관광 브랜드화 하는 것이다. 체험 프로그램과 아울러 지역 농산물을 활용한 먹을거리, 특산품도 개발한다는 계획이다.

농촌 전통 테마 마을로 변신하는 봉하마을의 명물은 아무래도 노 전 대통령의 생가가 될 전망이다. 노 전 대통령의 친구가 김해시에 기부 체납한 사저 앞 생가 터 460평에는 노 전 대통령의 생가를 원형 복원한 23평 규모의 초가집과 안내소, 휴게소 등 3동의 건물이 들어설 예정이다. 이와 관련해 김해시는 9억8천만 원의 예산을 들여 2008년 9월 복원 공사에 착공한 뒤 2009년 2월 무렵 완공한다는 계획을 세워 놓고 있다. 생가가 복원되는 대로 현재 민간인이 제작해 판매하는 수건이나 열쇠고리 등 방문 기념품을 김해시가 만든 수공예품 도자기나 전통차 등으로 교체할 방침이다.

이를 위해 김해시는 노 전 대통령 측 및 봉하마을 주민들과 기념품의 도안이나 종류, 판매할 물건 등에 대해 논의하고 있다. 이렇게 될 경우, 노 전 대통령의 생가가 '제 4의 제국' 열기를 확산시키는 데 확실한 견인

차 역할을 할 것으로 기대된다.

이밖에도 김해시는 관광객들의 발길을 붙잡기 위해서 봉하마을을 기점으로 하여 김해 지역의 주요 관광지인 수로왕릉 국립김해박물관 한옥체험관, 은하사, 클레이아크 김해미술관 등을 코스로 연계한 4시간~1박 2일짜리 관광 프로그램을 내놓고 있다.

하지만 김해시가 관광 메카가 되기 위해서는 넘어야 할 산도 많은 것으로 지적되고 있다. 단순한 경유지를 넘어 충분히 머물 수 있는 관광지가 되기 위해서는 볼거리 이외에 먹을거리와 숙박 시설도 대폭 보충해야 하지만, 아직은 모든 부분에서 크게 부족한 탓이다. 그 한 예로 진영의 명물로 꼽히는 '진영갈비'만 해도 1990년대 중반까지는 부산과 대구는 물론, 서울 지역 미식가들도 즐겨 찾았던 명소였지만 지금은 옛 명성을 잃어 가고 있다. 비단 이런 먹을거리 문제 이외에도 제대로 된 숙박 시설이 갖춰지지 않아 손님맞이에 다각도의 한계를 드러내고 있는 것이다.

작은 규모이기는 하지만 노 전 대통령의 측근인 강금원 씨가 사들인 봉하마을의 신축 빌라를 봉하마을 방문객을 위한 숙식 제공의 장소로 활용할 수 있을 것으로 보인다. 이 외에 노 전 대통령도 봉하마을의 관광 인프라를 높이기 위해 끊임없이 고심하고 있는 것으로 알려져 조만간 다양한 아이디어와 계획이 쏟아져 나올 것으로 기대된다.

노 전 대통령은 방문객들을 상대로 그런 의중을 전달하기도 했다. "여러분 봉하마을에 오니 심심하시죠? 앞으로는 마차를 구해 화포천까지 마차를 타고 다녀오는 등 다양한 프로그램을 구상하고 있습니다. 노을이 지는 저녁, 아버지가 모는 마차를 타고 가족들이 화포천을 드라이브한다면 멋지지 않겠습니까?"

노 전 대통령의 말처럼 아버지가 모는 마차를 타고 화포천을 드라이브하는 날이 언제쯤 오게 될지 봉하마을 주민들은 물론 봉하마을을 찾는 사람들의 궁금증도 커지고 있다.

만학도 노무현

노 전 대통령의 퇴임 후 행보로 인해 귀농에 대한 관심이 높아지면서 농사를 배우려는 도시민들이 점점 늘고 있다. '농사는 그냥 하면 되지 뭘 배우기까지 하겠느냐?' 라고 반문하는 이들이 있을 수 있겠지만 농사도 엄연한 전문직이라고 할 수 있다. 경험과 지식이 없으면 할 수 없는 것이 바로 농사일이다. 삽질 하나, 낫질 하나에도 숙련된 솜씨가 담겨야 할 만큼 까다로운 것이 바로 농사인 것이다.

농사의 원칙은 큰 힘은 들이지 않으면서 일을 제대로 해내는 것이다. '저비용 고효율'은 사무실이나 공장에서만 통하는 원칙이 아니다. 농사 일에서는 더더욱 그런 방식이 필요하다. 이 때문에 요즘은 귀농학교나 농업특수대학원 등에는 농사를 배우려는 도시민들로 넘쳐난다.

부산귀농학교의 경우, 2008년 입학생을 전년도에 비해 두 배가량 늘렸는데도 희망자를 모두 수용하지 못하고 있을 정도다. 거짓말을 하지 않는 흙과 벗하면서 자연에 묻혀 전원생활을 즐기려는 사람들이 크게 늘고 있기 때문이다.

귀농학교와 함께 흙집 짓기, 한옥 짓기 등 전원 생활을 위한 전문 과정도 인기를 모으고 있다. 이런 과정을 통해 수강생들은 집 짓는 기술을 익힐 수 있을 뿐만 아니라, 동패를 사귀어 '품앗이' 형태로 집짓기를 서로 도와주기도 한다. 옛 조상들의 아름다운 미덕이 오늘날 귀농을 통해 다시 살아나고 있는 것이다.

노무현 전 대통령도 굳이 말하자면 귀향(귀농)을 위해 많은 준비를 한 것으로 알려지고 있다. 사실상 노 전 대통령은 사법시험에 합격해서 봉하마을을 떠날 때까지 한동안 반(半) 농사꾼에 가까운 시절을 보낸 사람이었다. 주변 사람들에 따르면 그는 공부하는 머리뿐만 아니라 일하는 머리도 비상했다고 한다. 일하는 요령을 잘 알아서 밭일이든 논일이든 힘들이지 않고도 척척 해냈다는 것이다.

하지만 그럼에도 불구하고, 20대에 고향을 떠나 30여 년 만에 귀향했으니 농삿일에 대해 생소한 마음이 드는 것은 당연지사다. 어디서부터 어떻게 손을 대야 할지 어려움이 많을 수밖에 없다. 물론 그의 옆에는 보좌진과 마을 사람들, 자원봉사자들이 있다. 하지만 모든 일이 그렇듯이 농사도 일이 돌아가는 이치와 원리를 정확하게 알아야 하는 것이다. 그런 의미에서 농삿일을 배우는 노 전 대통령을 농업 만학도라고 부를 수 있을 것이다. 그는 농업에서 자퇴(?)했다 다시 복학한 만학도인 것이다.

그는 귀향하기 훨씬 전부터 조금씩 체계적인 준비를 해온 것으로 보인다. 마음자세를 가다듬고 전반적인 할 일에 대해 밑그림 정도는 그려 놓았던 것으로 보인다. 재임 시절이던 지난 2006년 1월 19일, 고향인 봉하마을을 방문했을 때 고향 지인들과 점심을 함께하면서 "퇴임 후 고향 동

봉하마을에서의 농촌 체험.

네나 김해 아니면 부산에 내려와 살겠다."며 귀향 계획을 처음으로 밝혔다. 이후 2007년 5월, 농촌 체험 관광 마을을 방문해 "은퇴하면 내 아이들이 자기 아이들을 데리고 찾아갈 수 있는 농촌, 시골에 가서 터 잡고 살면 어떨까 궁리 중"이라는 말로 또 한 번 귀향 의사를 내비친 바 있다. 바로 그렇게 귀향에 대해 말하던 그 무렵, 그는 이미 갖가지 계획을 세우고 있었던 것으로 보인다.

그는 지난해 9월, 중남미 순방 중에도 '퇴임 후 숲을 가꾸며 시를 쓰고 싶다'는 계획을 밝히기도 했다. 시간만 나면 '귀거래사'를 읊조린 것이다. '진흙탕' 같은 현실 정치에 골머리를 앓으면서 산적한 국정 현안을 돌파하기 위해 머리를 쥐어짜면서…… 노 전 대통령에게는 자연과 숲에 대한 그리움이 더욱 사무치게 다가온 것처럼 보인다. '유한한' 권력 앞에서 '영원한' 자연을 꿈꾸는 것은 당연한 이치이기도 하니 말이다.

퇴임 이후, 노 전 대통령은 마치 물고기가 물이라도 만난 것처럼 자연과 숲에 심취하고 있다. 농사와 숲 가꾸기에도 상당한 지식이 있어야 하며, 시행착오를 줄이기 위해서는 많은 지식과 경험이 필요하다. 그 때문에 노 전 대통령과 권양숙 여사는 귀향과 함께 적극적으로 농업 지식 습득에 나서고 있다. 노 전 대통령 내외는 경남 진주시 집현면 덕오리 대흥 농장을 방문해 숲 가꾸기 정보를 수집했다. 노 전 대통령은 바로 그곳에서 현재 자신이 구상하고 있는 '봉하마을 숲 가꾸기'와 관련한 많은 아이디어와 정보를 얻은 것으로 알려졌다.

한국조경수협회 전국 부회장인 이길영 씨가 대표로 있는 대흥농장은 50만여㎡의 조림지에 100여 종의 수목이 울창하게 자라고 있는 곳이다. 이 대표는 청년 시절부터 지금까지 40년 동안 오로지 의지만으로 척박한 산을 가꿔 조림지로 만든 사람이다. 가히 숲의 전문가라고 이름 붙여도 좋을 만한 이력이다. 노 전 대통령은 이 대표 외에도 진주산업대 강호철 조경학과 교수, 국립산림과학원 박남창 남부산림연구소장 등으로부터 조림과 수목에 관한 지식을 꼼꼼하게 전수받았다.

또한 진주시 이반성면 산림환경연구원의 56ha 규모의 수목원을 둘러보기도 했으며, 김해시 진영읍과 한림면, 진례면, 생림면 일원의 화포천에서 대대적으로 벌어지는 환경 정화 활동에 직접 참가하기도 하는 등 만학도로서 성심을 다하고 있다. 환경 정화 활동이야말로 농사의 한 축을 이루는 중요한 작업이라는 것을 잘 알고 있는 까닭일 것이다.

알려진 대로 화포천에 대한 환경 정화 활동은 화포천을 활용한 농업형 관광 사업 진흥과도 관계가 깊다. 노 전 대통령은 농업과 환경보호를 통해 마을 주민들의 소득 향상을 꾀하고 있다. 따라서 그로서는 화포천에 대한 관심을 높여 관광 자원화 하는 실천이 시급한 과제로 인식될 수밖에 없는 셈이다.

아무튼 김해 사람들에게나 겨우 알려졌던 화포천은 노 전 대통령의 귀향과 함께 점차 유명세를 타 봉하마을 사람들에게 '황금알을 낳는 거위'가 될 전망이다. 노 전 대통령도 머지않아 화포천에서 마을 주민들의 소득 향상에 기여했다는, 이른바 수확의 기쁨(?)을 맛보게 될 것 같다.

노 전 대통령은 김해시 상동면 산딸기 농업에도 상당한 관심을 보이고 있다. 상동면 산딸기 농가들은 해마다 수십억 원대의 고소득을 올리고 있어 상동면은 말 그대로 산딸기 재배의 메카로 자리를 잡고 있다. 2005년 23ha에 불과하던 산딸기 재배 면적은 몇 해 사이 120ha에 이르게 확장되고, 재배 농가도 같은 기간 동안 50곳에서 232곳으로 늘어나면서 면적이나 재배 농가의 숫자만으로도 전국 최대 규모라고 한다.

노 전 대통령은 상동면이 전국 최고의 산딸기 메카로 자리 잡을 수 있었던 것은 산딸기 생육에 필요한 최적의 조건을 갖추었기 때문이라는 데 주목하고 있다. 상동면 일대를 흐르는 대포천과 함께 맑은 공기, 풍부한 일조량 등은 산딸기 재배에 최상의 환경이란 평가를 받고 있기 때문이다.

이 지역 산딸기 재배 농민들의 수익도 놀랍다. 재배 농민 중 한 사람은 4.23ha에 산딸기를 재배해 2억 원 가량의 수입을 거뒀다. 그밖에도 억대

 고소득을 올리고 있는 산딸기 재배 농가.

수준의 수입을 올리는 농가가 전체 농가의 30%를 웃돈다. 웬만한 도시 억대 연봉자가 부럽지 않은 수입인 것이다. 2007년, 산딸기 농가들이 거둔 총 수입은 70억 원대로 매출액도 단위 마을당 전국 최고 수준이다.

이 마을은 특히 30년간 재래종 산딸기를 재배해 오다 1990년대 중반에 상동면 고유의 '왕딸'이라는 품종을 개발하면서 수입이 열 배 이상 급상승했다. 사정이 이쯤 되자 벼농사를 짓던 농민 대부분이 산딸기 재배로 선회하기도 했다.

상동면 산딸기 농가는 국내 최초로 작목반을 만들어 재배 농가의 집단화와 산딸기 재배의 과학화를 선도했다는 평가도 얻고 있다. 농민들은 '산딸기 닷컴'이란 인터넷 사이트를 개설하고, 경상대 연구팀과 공동으로 산딸기 와인을 개발해 매년 7~8천 병의 와인을 공급함으로써 소득을 더욱 늘려 나갈 계획이다.

노 전 대통령은 상동면의 산딸기 소득을 높이는 데도 힘을 보탤 요령이다. 그는 이 와인을 맛본 뒤 "세계 각국을 방문해서 여러 와인을 먹어 봤지만 결코 손색이 없다."라고 격찬했는데, 노 전 대통령의 산딸기주 칭찬이 있자, 인터넷에는 '상동 산딸기주'에 대한 검색이 크게 늘기도 했다. 상동면 산딸기 재배 농민들은 주로 부산 지역에 국한되어 온 판로가 전국으로 확대되기를 희망하고 있다.

노 전 대통령은 봉하마을 사람들의 소득 향상과 관광 자원화를 위해 사저 뒤편에 방치된 단감 과수원을 3만 그루의 장군차 밭으로 조성하는 계획도 세워 두고 있다. 계획대로라면 장군차는 내년 봄에 첫 수확을 하고, 2011년부터는 판매를 시작할 수 있을 것으로 기대된다.

덕분에 요즘 노 전 대통령은 차 전문가가 되어 가고 있다. 귀향 이후 하동이나 진주 등을 찾아 차나무 재배 기술을 익히는 한편, 찻잎을 덖어 차를 만드는 방법까지 연마하고 있으니 말이다. "여러분, 좀 있다 오시면 장군차를 직접 덖어 볼 수도 있고 덖은 차를 마실 수도 있을 것입니다. 제가 대접하겠습니다."라고 말할 때의 표정이란 마치 자식을 대하는 부모의 얼굴과도 같아 보였다.

노 전 대통령은 뒷산에 그득한 장군차가 자랑스러운 모양이다. 앞으로 방문객들은 봉하마을에서 노 전 대통령이 직접 재배한 장군차를 맛볼 수 있게 될 것으로 보인다. 장군차 한 봉지씩을 방문 기념품으로 사들고 갈 수도 있을 것이다.

대통령이 키운 차, 그 장군차 맛의 깊이가 어느 정도인지 하루 빨리 맛보고 싶어진다.

청매실 농장을 찾은 노 전 대통령 내외.

콤플렉스와
대통령의 상관관계

　얼마 전 한 신문에서는 한국 역대 대통령들의 성장 과정과 심리를 분석하면서 그들을 대통령으로 키운 것은 8할이 콤플렉스 때문이었다고 해석한 재미있는 기사를 내놓았다. 이 기사는 콤플렉스가 인간의 성장에 걸림돌도, 디딤돌도 될 수 있는 양날의 칼이라고 분석하고 있다. 한국의 역대 대통령들도 예외가 아니었으며, 오히려 보통 사람보다 콤플렉스의 정도가 크고 깊은 경우가 많았다는 것이다. 실제 한국의 역대 대통령들은 강한 콤플렉스에 단련된 덕분에 어지간한 수모에는 미동도 하지 않았으며, 콤플렉스를 통해 시련을 이겨 내는 방법을 터득했고, 결국 굴곡이 심했던 시기에도 살아남아 대권에 오를 수 있었다고 분석하고 있다.

　물론 콤플렉스에 대한 긍정적인 분석만을 내놓은 것은 아니었다. 처음에는 콤플렉스를 디딤돌로 삼을 수 있지만 대통령에 오른 후에는 목표를 달성했다는 안도감으로 인해 콤플렉스 제어에 실패하게 된다는 것이다. 한때 디딤돌이었던 콤플렉스가 종국에는 걸림돌로 작용할 수도 있다는 결론을 내리고 있다.

　이 기사는 이승만 전 대통령에 대해서는 '큰 인물, 분단 콤플렉스'를, 박정희 전 대통령에게는 '친일, 좌익, 쿠데타 콤플렉스'를, 전두환과 노태우 전 대통령에게는 '주변인, 가난, 광주 학살 콤플렉스'라는 항목을 부여했다.

또한 봉하마을 귀향 후 재조명을 받고 있는 노무현 전 대통령에 대해서도 '콤플렉스 덩어리'라는 분석을 내놓았다. 빈농의 아들로 태어난 가난 콤플렉스가 성취욕과 권력 의지에 불타는 인간형을 만들었고, 대권까지 거머쥐게 했다는 것이다. 학계의 분석을 토대로 "노 전 대통령은 세상은 바꾸려 하면서 자기 자신은 바꾸려 하지 않았고, 끝내 콤플렉스의 멍에를 떨쳐 버리지 못했다. 콤플렉스가 심하면 인사가 감성적 배타성을 띠고, 여기에 '도덕적 우월의식'과 '이념적 편집증'이 더해지면 국정 운영이 외골수로 치닫게 되는데, 노 전 대통령이 그 단적인 사례"라고 지적했다. 아울러 탄핵 이후 통치권을 유린당한 수모감(탄핵 콤플렉스)을 갖게 된 그는 이후 종종 자제력을 잃고 흥분했다고 주장하고 있다.

노 전 대통령에게는 '가난 콤플렉스' 이외에도 '지역주의 콤플렉스'와 '아웃사이더 콤플렉스'까지 추가되었다. 영남 출신인 그가 호남 정당인 민주당 소속의 대통령으로 당선된 것이 강한 '지역주의 콤플렉스'를 안겨 주었으며, 그로 인해 영남 정치권 아웃사이더와 호남 정치권 아웃사이더인 노 정권은 피해의식에 시달렸다는 주장이다.

특히 전문가의 분석을 빌려 노 전 대통령의 향후 행보에 대한 예측을 내놓은 것도 이 기사의 특이할 만한 대목이다. 노 전 대통령의 성향은 콤플렉스로 인한 내지르기를 잘해 의견 수렴이 필요한 대통령이라는 직책에 어울리지 않았다는 주장이다. 정치권과 거리를 둔 노 전 대통령의 귀향 생활과 계속 사고를 칠 가능성이 높은 이명박 정권을 비교하면서 이로 인해 노 전 대통령의 인기는 지속적으로 오르게 되어 있다고 분석하면서 노 전 대통령이 지금처럼 그렇게 '계속 쓰레기만 줍지는 않을 것'이라며 종내는 그도 다시 정치에 나설 것이라는 주장도 펼치고 있다.

노 전 대통령과 관련한 이 기사는 상당한 설득력을 가진 것으로 보인다. 실제로 노 전 대통령에 관한 책 '대통령 리더십 총론'(법문사) 등에는 노 전 대통령 자서전이나 전기물에는 '가난 때문에 너무 고통스러웠다' '반항 심리를 가졌다' 는 대목이 가장 빈번하게 등장한다는 지적이 담겨 있다. 생가 앞에 있는 안내문에도 '6세 때 천자문을 외우고 써서 별명이 '노천재' 였으나 가난해 장학금을 받기 위해 부산상고에 진학했다."라고 쓰여 있으니 말이다.

노 전 대통령의 모친이 들려 준 태몽도 범상치 않은 편이다. "할아버지가 준 백마를 타고 달리는데 말발굽 소리가 우렁찼다."는 내용의 태몽을 꾸었다는 것이다. 노 전 대통령에게 있어 자신의 어머니는 '40여 호 동네에서 가난과 친척들의 박대, 힘 있는 동네 사람들의 횡포에 시달리면서 한이 맺힌 여인' (노무현 자전적 에세이)으로 기억된다.

노 전 대통령은 이와 같은 어머니의 영향을 많이 받았다고 한다. 그래

서인지 그의 귀향은 어린 시절에 대한 보상 심리에서 나온 금의환향(錦衣
還鄕)이라는 해석도 있다. 이러한 시각은 노 전 대통령의 입을 빌린 것이
거나 전문가들의 견해를 빌어 나름의 학문적 연구 결과를 바탕으로 한
것이다. 물론 '이러한 견해와 주장도 있다' 는 것이기 때문에 반론을 펴
는 것도 적당하지 않아 보인다.

하지만 전반적으로 복잡하고 다양한 인간의 정서를 지나치게 일도 양
단적으로 분해했다는 점에서 전적으로 깊이 공감하기는 어렵다. 그도 그
럴 것이 노 전 대통령이 어린 시절을 보낸 1950~1960년대에 가난이란
매우 보편적인 현상이었기 때문이다. 주변이 다 잘 사는데 나만 유독 가
난하다거나 혹은 잘 살다가 어느 날 갑자기 가난의 나락으로 떨어진 상
황이라면 가난의 쓰라림과 고통을 이야기할 수도 있고, 가난에서 벗어나
기 위한 몸부림도 인정되지만 이웃도 가난하고, 마을도 가난하고, 심지
어 나라조차 가난한 상태에서의 가난이란 그저 몸에 걸친 옷처럼 편안한
일상이 될 수밖에 없기 때문이다.

물론 주변 사람들의 이야기를 들어보면 사실 노 전 대통령이 어린 시
절 내내 유난한 가난을 겪어야 했던 것은 사실이다. 노 전 대통령의 어머
니는 고구마 싹을 틔워서 장에 내다 팔기도 하고, 야산에 딸기를 재배해
내다 팔기도 하는 등 어려운 살림에 갖은 일을 마다하지 않으면서 5남매

© 사람 사는 세상(www.knowhow.or.kr) 진영 대창초등학교 운동회에서.

를 공부시켰다는 장본인이다. 노 전 대통령도 대창국민학교에 다닐 무렵에는 집에 쌀이 떨어져 고구마를 점심으로 싸가지고 다니기도 했다고 하니 어지간히 가난했던 모양이다. 게다가 그때만 해도 보리고개가 엄존하던 시절이었으니 시골의 작은 마을에서 농부의 아들로 태어나고 자란 그가 겪었던 가난이란 이루 말할 수 없는 정도였을 것이다.

하지만 분명한 것은 그는 가난을 저주하거나 경멸하지 않았다는 사실이다. 가난 속에서도 웃음을 잃지 않고 해학을 즐기면서 가난을 몸에 잘 맞는 옷인 양 받아들였다는 사실이야말로 어릴 때부터 '큰 그릇'이었음을 입증해 주는 대목이다.

다행스럽게도 노 전 대통령의 집안은 그가 초등학교 4~5학년 무렵부터 가세가 좀 일어났다고 한다. 생활력이 강하고 억척스러웠던 노 전 대통령의 부모는 소나무와 잡목이 우거진 채 버려져 있던 마을 앞산 9천여 평을 일구어 단감을 심었다. 소나무를 일일이 베어 내고, 경사진 산에 층층이 계단을 만들어 감나무를 심고, 나무 사이에는 고구마나 딸기 그리고 갖가지 채소를 심어 과수원으로 일구었다.

지금도 그렇지만 당시만 해도 9천여 평의 과수원이란 결코 작은 규모가 아니었다. 게다가 지금은 재배 면적이 크게 확대되어 단감 가격이 상당히 떨어졌지만, 당시만 해도 단감 수매 가격이 썩 괜찮았던 편이다. 결

국 단감나무 덕분에 5남매 뒷바라지를 할 정도의 살림을 유지할 수 있게
되었다는 것이다.

그 이후 작은 형인 노건평 씨가 세무 공무원 시험에 합격해 부산에서
공직 생활을 시작하면서는 가세가 한결 나아졌다. 도전 두 번 만에 세무
공무원 시험에 합격했던 노건평 씨는 군에서 제대해 사법시험 공부를 시
작한 동생에게 물심양면으로 많은 도움을 주었던 인물이다. 노 전 대통
령도 작은 형이 그 어렵다는 세무 공무원에 붙는 것을 보고 많은 용기를
얻었다고 한다.

결국 노 전 대통령 주변 사람들의 이야기를 종합해 보면, 노 전 대통령
은 비록 가난했지만 가난을 벗하면서 슬기롭게 극복했다는 해석이 가능
해진다. 그렇다면 가난에 대한 콤플렉스가 그를 대통령으로 키웠다는 가
정보다는, 가난에도 불구하고 희망을 잃지 않았던 그의 심성이 한 나라
의 대통령이라는 직위를 부여받을 수 있게 한 힘이라는 해석에 조금 더
큰 무게를 두고 싶다.

해묵은 시절에 대한
추억 그리고 상상

5월은 봉하마을에 감꽃이 만발하는 계절이다. '청년 노무현'은 오늘도 성큼성큼 마을 골목길을 돌아 동네에서 소문난 호랑이인 권 씨 댁으로 향한다. 권 씨 댁 대문 옆 담벼락에 몸을 숨긴 '청년 노무현'은 두 손가락을 입에 넣어 짧게 휘파람을 세 번 분다. 잠시 후 호랑이 권 씨의 딸인 꽃다운 '양숙 씨'가 조심스레 주위를 살피며 살금살금 나온다. 머리를 양 옆으로 묶은 갈래머리에 청초한 모습이다. '양숙 씨'는 다짜고짜 "울 아버지 알면 클나예(큰일 납니다). 우짤라캅니껴(어떻게 하려고 합니까)."라고 톡 쏘아붙인다. 도톰한 볼 살이 매력적인 '청년 노무현'은 만면에 웃음을 지으며 "양숙 씨, 걱정되는기 맞습니다, 맞고요. 하지만 사시 공부 열심히 하고 있는 것 맞습니다. 반드시 합격할끼고요."라며 '양숙 씨'의 어깨를 다독였다. '청년 노무현'과 '양숙 씨'의 사랑은 감꽃과 함께 영글어 갔다.

필자가 머릿속에 그려 본 노 전 대통령 내외의 풋풋한 열애 일기다. 노 전 대통령의 이력을 살펴보면 결혼 후 3년 정도 지나서 사법시험에 합격한 것으로 되어 있다. 결국 '청년 노무현'은 '양숙 씨'의 내조를 받아 사시라는 어려운 관문을 통과한 셈이 되는 것이다. 성공보다 사랑을 먼저 얻은 '청년 노무현'은 결국 그 사랑의 힘으로 출세가도를 달리게 된 것이다.

봉하마을에는 권양숙 여사의 집터가 남아 있다. 권 여사의 집터는 봉하마을 매점 좌측 공중전화 부스 맞은편에 있는 2층 양옥집의 왼쪽 골목을 따라 50m 쯤 들어가면 왼쪽으로 보이는 2층 양옥집이다. 오래 전에는 마을 우물이 있었다는 곳, 우물이 있었을 때는 분명 앵두나무도 한두 그루 곁들여져 있었을 것이다.

여기서 10m 정도 안으로 더 들어가면 비닐하우스 뒤로 조립식 가옥이 한 채 더 있는데, 이곳이 권양숙 여사의 옛날 집터다. 권 여사가 살았던 처녀 시절에는 기와집이었다고 한다. '청년 노무현'은 우물에서 얼음처럼 차디 찬 물을 한 바가지 퍼 마시고 용기를 내 '양숙 씨' 집으로 돌진했을지도 모른다.

"남들이 갖기 어려운 아름다운 추억도 있습니다. 몇 킬로미터나 이어지는 둑길을 걸으면서 밤이 이슥하도록 함께 돌아다녔습니다. 늦여름 밤하늘의 은하수는 유난히도 아름다웠고, 논길을 걷노라면 벼이삭에 맺힌 이슬이 달빛에 반사되어 들판 가득히 은구슬을 뿌려 놓은 것만 같았습니다. 동화 속의 세계 같은 그 속을 거닐며 아내는 곧잘 도스토예프스키의 이야기를 들려주곤 했습니다."

노 전 대통령에게도 사랑이 꽃피던 그 시절은 여전히 아름다운 추억으로 남아 있는 모양이다.

권양숙 여사가 살던 집.

권양숙 여사 집터에서 되돌아 나와 마주치는 매점 공중전화 부스 맞은편 2층 양옥이 '청년 노무현'이 총각 시절은 물론 '양숙 씨'와 신혼 시절을 보낸 집이다. 새 신랑 노무현은 집을 떠나 고시원 등에서 공부하기도 했으나 여기서 사법시험에 합격했으니 어쩌면 이 집터도 생가 터 못지않게 기가 좋은 모양이다.

봉하마을에서 노무현 전 대통령 일가는 세 번이나 이사를 다녔다. 생가와 2층 양옥집 이외에 관광안내센터 바로 뒤 초록색 철대문집도 노 전 대통령의 추억이 묻어 있는 곳이다. 이 집은 '어린 노무현'이 생가에서 이사와 초등학교와 중학교를 보낸 곳이다. 겉모양은 벽돌조 양옥이지만 대문 안쪽으로 들어와 보면 마당 한 쪽에 다 쓰러져 가는 슬레이트 지붕 건물이 하나 보인다.

봉하마을이 현재는 44가구에 주민이래야 120여 명 정도의 작은 마을이었지만 '어린 노무현'이 살던 시절에는 100여 가구에 주민도 500여 명에 달했을 정도로 큰 마을이었다. 골목마다 아이들이 왁자지껄 뛰어놀고 저녁이면 밥 짓는 연기가 마을을 가득 메웠을 것이다. 또 바로 옆에는 노 전 대통령이 고교 시절을 보낸 곳이 있는데, 지금은 집이 헐리고 좁다란 공터만 남아 있다.

살던 집터를 살펴보면 갈수록 규모가 작아져 간 것을 알 수 있다. 봉하마을 사람들은 노 전 대통령의 부모가 5남매를 공부시키기 위해 점차 작은 집으로 이사했기 때문이라고 말하고 있다.

봉하마을 입구 좌측 산 중턱에는 노 전 대통령 양친의 묘터가 있다. 노 전 대통령이 현직에 있을 때는 선영 입구에 두 명의 전경이 근무를 섰다고 한다. 묘터는 선영의 뒤를 받쳐 주는 현무가 든든하고, 앞쪽 주작에 해당되는 산이 가까이 보여 조상의 기운을 가장 빠르게 받을 수 있는 명당이라고 한다.

노 전 대통령의 사저 오른쪽 봉화산 곳곳에도 '어린 노무현'의 흔적이 남아 있다. 진영 대창국민학교와 진영중학교를 나온 노무현 전 대통령의 어린 시절 놀이터이자 소풍 장소였던 봉화산은 지금도 청소년들의 교육장이 되고 있다. 검은 고무신에 까까머리를 한 '어린 노무현'은 봉화산 폭포에서 바위를 타고 산을 오르내리며 놀았다.

5월에 봉화산에서 내려오면 화포천 가는 길옆으로 보리밭이 푸르다. 어딘가 조무래기 친구들과 어울려 여물기 전 보리를 불에 그슬려 구워 먹는 '보리서리'를 해먹느라 입이 시커멓게 된 '어린 노무현'이 보이는 듯도 하다. '어린 노무현'은 이때 무슨 말로 친구들을 웃게 했을까.

봉하마을 주차장 앞 매점은 최근 들어 유명세를 타고 있다. 노무현 전 대통령이 이른 아침 일찍 들어와 홀로 앉아 담배를 피우는 모습이 언론

에 보도되면서부터다. 과자와 음료수, 아이스크림에다 간단한 요깃거리
를 판매하는 이 집은 휴일이면 방문객들로 발 디딜 틈이 없을 정도다. 이
집 주인은 산책길에 나섰던 노 전 대통령이 이른 아침 불쑥 "장사 잘 되
냐?"며 들어와 담배를 달라고 해서 건강에 좋을 것 같아 3,000원짜리 최
고급 순한 담배를 드리고 커피도 한 잔 타 드렸다고 한다. 그런데 방문객
들은 그저 무심코 앉아서 담배 한 대 피웠던 그 자리를 굳이 찾아와 V자
를 그리며 기념사진을 찍곤 한다는 것이다. 참 놀라운 파워가 아닐 수 없
다.

노 전 대통령에게 봉하마을은 해묵은 추억에서부터 사랑과 결혼, 희망
적인 미래까지…… 인생 역정이 고스란히 뿌리내린 유일한 곳이다. 하
늘, 바람, 물과 길섶에도 추억이 묻어 있는 이곳에서 수천, 수만의 사람
들을 만나면서 그는 또 미래를 위한 새로운 구상에 빠져 있는 것이다.

하지만 그의 말, 그의 손이 닿기만 해도 명소가 되고 마는 환호와 인기
가 얼마나 지속될 수 있을지는 그도, 우리도 모를 일이다. 다만 사람들은
그저 지금 그의 모습이 좋아서 끊임없이 봉하마을을 향해 가고 있는 것
일 뿐이다. 그뿐이다.

© 연합뉴스

렌즈를 통해 본
봉하마을

노 전 대통령의 귀향이 전 국민적인 관심을 모으면서 국내 방송사들의 취재도 줄을 이었다. 각 방송사들이 다양한 시각으로 노 전 대통령의 봉하마을 생활상을 다뤘는데, 그 중에서 가장 많은 시간과 노력을 할애한 것은 KBS 1TV의 '다큐멘터리 3일'이었다. '대통령의 귀향, 봉하마을 72시간의 기록'이란 부제가 붙은 다큐멘터리 3일은 지난 2008년 4월 24일 오전 9시부터 4월 27일 오전까지 만 72시간 동안, 노 전 대통령과 관련된 봉하마을의 모든 움직임을 샅샅이 훑었다.

다큐멘터리 3일은 촬영 현장의 일거수일투족을 놓치지 않는, 장인정신이 배어나는 작품을 많이 다루고 있는 프로그램으로 알려져 있다. 봉하마을 편에서도 그런 노하우가 유감없이 발휘되었다.

취재진들은 노 전 대통령의 보좌관 등이 갑작스럽게 자전거를 타고 나가는 장면을 찍기 위해 무거운 ENG 카메라를 메고 논길을 뛰기도 했다. 자전거를 타고 달리는 사람을 무거운 카메라까지 메고 뛰어가면서 찍는다는 것은 쉽지 않은 일이다. 인간 한계에 도전이라도 하듯 자전거를 따라잡던 취재팀의 모습은 마을 사람들 사이에서 두고두고 회자되었다.

그 다음날은 취재진들도 꾀를 내어 자전거(차량은 좁은 논길을 통행하는 데 한계가 있어)를 이용했지만, 이 역시 문제가 많았다고 한다. 제작진 중 한 사람은 앞에서 자전거를 몰고 뒤쪽에 앉은 홍일점 여성 카메라맨이 촬영에 나섰는데 울퉁불퉁한 논길을 자전거가 달리는 동안 여성 카메라맨의 엉덩이가 심각한 수난을 당했던 것이다.

결론적으로 KBS 1TV에서 방영된 '다큐멘터리 3일' 은 보좌진들도 아주 편안한 마음으로 감사하게(?) 시청했다는 후문이다. 봉하마을 보좌진 숙소에서 한솥밥을 먹는 식구들, 즉 다큐멘터리 3일에 농사 담당(?)으로 등장한 김정호 비서관과 일명 봉하 찍사(사진사) 등은 다큐 3일 팀의 일거수일투족을 모두 지켜보았던 터라 따뜻한 시선을 그대로 느끼면서 시청했다고 한다.

하지만 다큐 3일 팀의 촬영 요청을 받았을 때, 보좌진들의 고민은 이만저만이 아니었다. 퇴임 후, 노 전 대통령은 어떤 언론과도 직접적인 인터뷰를 하지 않았기 때문에 다른 언론으로부터 형평성의 문제를 불러일으킬 우려가 적지 않았기 때문이다. 이 때문에 다큐 3일 팀은 보좌진과 노 전 대통령의 직접 인터뷰 없이 찍겠다는 약속을 하고서야 촬영을 시작할 수 있었단다.

아울러 노 전 대통령의 퇴임 대통령 역할에 대한 나름대로의 철학도 보좌진으로 하여금 쉽게 승낙하지 못하게 한 요인이었다고 한다. 노 전 대통령은 '열중 쉬어' 하면서 그냥 대접받고 있는 원로의 모습을 거부했다. 퇴임 대통령도 한 사람의 시민으로서 시민들과 함께 '사람 사는 세상'을 만들어 가고 싶어 했기 때문에, 자칫 굴절된 모습으로 비춰질 지도 모르는데 대해 우려감을 떨칠 수 없었던 것이다. 게다가 노 전 대통령이 언론과 직접 인터뷰를 하게 되면 또 다시 현실 정치의 늪에 빠질 우려도 배제하기 힘들다고 보았다. 결국 언론과의 인터뷰는 노 전 대통령을 또 다시 위험스런 '대결의 한 축에 서 있는 정치인 노무현'으로 내몰 수 있는데, 이것은 결코 노 전 대통령의 뜻이 아니라는 것이다.

다큐 3일 팀의 담당 프로듀서는 예전 노 전 대통령이 해양수산부 장관 시절 '체험 삶의 현장'이란 프로그램에 출연했을 때 그 프로그램을 맡았던 장본인이다. '체험 삶의 현장'이라는 프로그램의 성격이 노동을 하면서 돈을 벌어오는 구성이었던 것처럼 다큐 3일 역시 노 전 대통령에게 상당한 고생(?)을 안겨 주었다.

무엇보다 꼬박 만 사흘간 카메라 4대가 봉하마을 곳곳을 샅샅이 찍고 다니는 바람에 노 전 대통령 내외는 물론, 보좌진들도 감옥살이나 다름없는 생활을 해야 했다. 노 전 대통령 내외는 카메라가 항상 대기하고 있어 밤마을조차 편하게 나갈 수 없었다. 더구나 노 전 대통령은 "일을 하고 나서는 담배 한 대 피우는 것이 낙인데, 카메라가 따라붙어 즐기던 담배 한 대조차 할 수 없다."라고 말하며 투덜대기도 했다는 후문이다.

방송 촬영에 따른 족쇄는 이뿐이 아니었다. 노 전 대통령 내외가 새벽 등산을 가도 앞뒤로 카메라가 따라붙는 등 생활에 대한 제약은 이만저만이 아니었다고 한다. 반대로 해석하면 촬영 팀은 그만큼 최고의 프로정신을 발휘했다는 이야기가 된다.

실제로 촬영 팀은 새벽 5시부터 자정이 넘는 시각까지 잠도 제대로 못 자고 노 전 대통령 주변을 따라붙어 안쓰러움을 자아낼 정도였다고 한다. 권양숙 여사는 다큐 3일 팀이 새벽 등산에까지 카메라를 들이대자, 등산을 마치고 사저로 들어서면서 보좌진들에게 "저 사람들 아침밥 꼭 잡숫도록 해라."라며 신신당부를 했다고 한다.

다큐 3일 팀은 이 프로그램을 통해 환경 부문에서도 상당한 성과를 거두었다. 촬영 이틀째 되던 날, 환경감시단과 함께 심야에 환경보호를 위해 화포천에 나갔던 촬영 팀은 뜻하지 않게 천연 기념물인 수달을 만나 촬영하게 된 것이다. 화포천에 수달이 산다는 것은 마을 주민들에게는 익히 알려진 이야기지만 방송을 통해 촬영된 것은 처음이었다. 고맙게도 때 맞춰 나타난 수달 덕분에 뜻하지 않았던 특종을 거머쥐게 된 셈이었다. 환경감시단을 따라 나선 카메라 기자는 얼마 전까지 환경 다큐멘터리를 담당한 베테랑 카메라맨으로 한밤중에도 수달의 모습을 놓치지 않고 담아내는 프로 근성을 보였다. 결과적으로 그날 이후, 다큐 3일 팀의 담당 카메라 기사는 물론 팀 전원은 환경감시단으로부터 영웅 대접을 받았다고 한다.

수달 촬영에 성공했다는 소식을 들은 노 전 대통령이 크게 기뻐한 것은 당연지사였다. 평소 화포천의 오염이 심각한 데 대해 크게 우려해 왔던 노 전 대통령은 몇 번이나 "그것이 정말이냐?"라고 되물으면서 크게 기뻐했다고 한다. 수달이 산다는 것은 화포천이 아직 생명이 숨 쉬는 건강한 하천으로 회복될 가능성이 있다는 것과 같은 뜻이니 기뻐하지 않을 수 없었을 것이다. 덕분에 다큐 3일 팀은 마지막 촬영을 마치고 돌아갈 무렵, 노 전 대통령으로부터 진심어린 격려를 받았다고 한다.

다큐 3일 팀의 카메라가 가동되는 동안 보좌진도 엄청난 고생을 했다. 한 번쯤 TV 촬영에 응해 본 사람이라면 설명하지 않아도 잘 알겠지만, 방송 분량을 만든다는 것이 쉽지 않은 일이기 때문이다. 몇 시간 동안 어렵게 촬영한 것도 '그림'이 되지 않아 휴지통으로 직행하는 일이 다반사다. 보좌진들은 다큐 3일 팀의 촬영에 응하기 위해 자원봉사자들과 함께 장군차 밭에서 차나무보다 높이 자란 잡초를 베어 내느라 낫질을 하며 고생할 수밖에 없었다. 누가 시킨 일은 아니지만 감시 카메라가 돌고 있는 까닭에 보좌진들은 물론 자원봉사자들까지 '천 번 낫질에 한 번 허리 펴기 운동'을 벌여야 했던 것이다. 아직 완전히 농사꾼 체질로 변신하지도 못한 보좌진들로서는 고생이 이만저만이 아니었다.

하지만 보좌진들은 다큐 3일 팀의 방송에 대해 매우 긍정적인 평가를 하면서도 약간의 아쉬운 속내를 드러냈다. '봉하마을의 24시'를 대부분 잘 잡아냈지만 노 전 대통령의 사람 사는 세상 만들기에 대한 의지를 다 담아내지는 못했다는 점 때문이다.

무엇보다 보좌진이 가장 아쉬워했던 부분은 노 전 대통령이 시민주권 마당을 위해 웹 2.0 사이트 개발에 몰두해 있는 모습을 담지 못했다는 것이다. 노 전 대통령은 카메라가 가동되고 있는 3일 동안에도 베타 버전을 테스트하는 등 '웹 2.0 사이트, 민주주의 2.0' 개발 기획에 매달려 있느라 작은 몸살을 앓을 정도였는데도 말이다. 노 전 대통령의 촬영 불가 결정을 고수하느라 어쩔 수 없이 피해 갔던 일이지만, 보좌진들로서는 아쉬움으로 남는 것이 당연한 일이 아닐까.

다큐 3일 팀의 촬영 기간 동안에는 MBC 뉴스데스크 탐사 보도팀과 KBS 아침 뉴스 팀도 1박 2일 동안 '봉하마을 24시'를 촬영해 갔다. 하지만 보좌진들의 눈에 뉴스 데스크와 아침 뉴스의 보도 내용이 72시간 동안이나 공을 들인 다큐 3일에 비해 역부족으로 느껴질 수밖에 없었을 것이다. 보좌진들은 "이 프로그램들도 봉하마을의 모습과 노 전 대통령의 활동을 나름대로 잔잔하고 따뜻하게 보도했다. 다만 뉴스 시간의 짧은 보도로 1박 2일의 고생에도 불구하고 어쩔 수 없이 봉하마을의 모든 것을 담지 못해 아쉬웠다.”라고 속내를 털어놓기도 했다.

수없이 많은 언론을 통해 비춰지고 있는 봉하마을. 렌즈 속의 봉하마을은 한 편의 아름다운 자연이다. 자연을 닮은 사람들이 서로 손잡고 환경과 농업 개발에 앞장서는 모습이 더없이 따뜻하게 느껴진 까닭이다.

그렇다면 노 전 대통령을 찾아 봉하마을을 찾아오는 수많은 사람들은 어떨까? 그들의 눈 속에 담긴 봉하마을은 어떤 의미일까? 권위의 옷을 훌훌 벗어던지고, 대한민국의 대통령으로서는 처음으로 감격적인 ‘소통’의 견인차 역할을 하고 있는 사람. 퇴임 대통령 노무현을 보는 시각은 제각기 다르지만 단 하나, 노 전 대통령이 펼치고 있는 ‘소통의 힘’은 더 큰 미래를 위한 새로운 기대와 희망의 불씨로 받아들여도 좋지 않을까?

© 사람 사는 세상(www.knowhow.or.kr)

여러분, 안녕하십니까?

며칠 동안 들르지 못했습니다. 오늘 아침에 들어오니 회원 게시판은 30,000번째 글이 가까워지고 있네요. 그런데 몇 가지 개선 요구 사항이 며칠째 별로 나아지지 않고 있습니다. 로-스쿨에 관한 질문에 댓글로 답을 하고, 프랑스 베르사이유에서 '지금/여기' 님이 올린 글을 보고 있는데, 비서실에서 아침 회의를 하자는 연락이 왔습니다.

회의를 해보니 모두들 용량 초과입니다. 업무 환경 체계를 잡고, 홈페이지 관리하고, 일정 관리하고, 손님맞이 하고, 이런 일상적인 일들도 벅찬데, 벌써 며칠째 동네 청소하고, 장군차 나무 심고, 장군차 시범마을 다녀오고, 동네사람들과 친환경 농업에 관해 토론하고, 이런 일까지 하자니 정신들이 없나 봅니다. 한 달째 아직 하루도 쉬지 못한 모양입니다. 그러니 홈페이지를 며칠째 손보지 못한 것도 나무랄 수가 없습니다.

회의 중에 진영 대창초등학교 6학년 학생들이 현장 학습을 왔다고 연락이 왔습니다. 미리 약속한 일이라 나가서 인사하고 사진을 찍고 돌아왔습니다. 컴퓨터 앞에 앉았는데 손이 곱아서 속도를 낼 수가 없습니다. 한자 걸러서 오타가 나옵니다.

이제 새로 선보일 웹사이트 '민주주의 2.0' 으로 갑니다.

베타 버전 테스트 중인데, 아직 버그도 많고, 개선할 일도 많고, 토론도 잘 진행이 되지 않습니다. 어려워서 접근할 엄두가 나지 않는다고 합니다. 새로운 시도이니 어려운 것은 당연한 일이겠지요. 시스템에 관한 한 쉽게 쓸 수 있게 개량하고 익숙해지면 극복이 가능할 것으로 생각합니다만, 제가 제안하고자 하는 토론 방법은 그 과정을 소화해 내기가 결코 만만한 일은 아닐 것 같아서 벌써부터 걱정입니다. 어떻든 오늘은 토론 주제를 새롭게 정리해서 토론에 접근하기 쉽도록 할 생각입니다. 이 글 마치면 토론 주제에 관한 제안 글을 쓸 생각입니다. 그런데 이 글을 마치기도 전에 집 앞에서는 또 나오라는 소리가 들립니다. 하루에 다섯 번 정도는 나가서 인사를 하는 것 같습니다. 점심은 물론 차도 한 잔 못 드리고, 그렇다고 무슨 편의 시설이 있는 것도 아니고, 별로 볼 것도 없으니, 손님들에게는 마냥 미안할 따름입니다. 그래서 악수도 해보고 사진도 찍어 드리려고 하는데, 이것도 안 됩니다. 사람들이 뒤엉키는 것도 문제지만, 일을 벌였다가는 하루 종일 아무 일도 할 수 없게 됩니다.

나가서 몇 마디 대화를 나누고 들어옵니다. 가끔 "뭐하냐? 지금도 바쁘냐?" 하고 묻는 분들이 있습니다. 참 궁금한 모양입니다. "누구나 하루는 24시간입니다. 무엇을 하느냐가 다를 뿐입니다." 이렇게 대답을 합니다.

친구가 생선회를 가지고 와서 점심을 함께 먹었습니다. 밥상에 올라와 있는 김해 상동 산딸기주가 맛이 괜찮습니다. 내가 지금까지 먹어본 와인 중에는 그중 입에 짝 붙습니다. 아직 대량 생산이 되지는 않는다고 합니다.

돌아와서 홈페이지에 들어와 보니 베스트 뷰가 올라와 있습니다. 베스트 뷰는 편집 팀이 임의로 고른 것인지, 추천 수나 그밖에 무슨 기준이 있는 것인지는 미처 물어보지 못했습니다. '베스트 뷰'라는 이름이 마음에 들지 않습니다. '추천 글' 정도로 하는 것이 좋을 것 같은데 말할 시간이 없습니다.

게시판을 좀 더 보고 싶은데, 토론 정리가 바빠서 '민주주의 2.0'으로 갑니다. 하루라도 빨리 버그를 정리하고, 토론도 정리하여 공개해야 하니까요. 기다려 주시기 바랍니다.

어렵다고들 하니 공개하기도 겁이 납니다. 그러나 공개를 안 할 수는 없는 일입니다. 최선을 다해 보겠습니다. 기대해 주시기 바랍니다. 안녕히 계십시오.

출처_사람 사는 세상(www.knowhow.or.kr)

ⓒ 사람 사는 세상(www.knowhow.or.kr)

노무현 전 대통령이 남긴
말, 말, 말!

봉하마을을 찾아가 노무현 전 대통령을 만나 본 경험이 있는 사람이라면 누구나 공감하는 것이 있다. 그것은 노 전 대통령이 구사하는 '맛깔스러운 말'이다. 지극히 따뜻한 혹은 냉철한, 속 시원히 웃게 만드는 기막힌 유머에다, 요소요소 맞춤으로 사용되는 감칠맛 나는 비유까지…… 그의 말에 중독이 되어버렸다는 이들이 생길 정도이니 노 전 대통령의 '말'에 관한 한 더 이상 무슨 설명이 필요할까.

실제로 노 전 대통령만큼 많은 '말'을 남긴 대통령은 일찍이 없었다. 그는 한때 트레이드마크이기도 했던 '막말'의 대가였으며 "~하면 안 되나?" 하는 반문법(反問法)에다 촌철살인(寸鐵殺人)의 비유와 은유, 직유까지 자유자재로 구사했던 인물이다. 전직 변호사였던 만큼 말에 관해서는 일가의 경지를 이뤘다고 평가할 수밖에 없을 것이다.

봉하마을에서 몰려드는 방문객들을 상대로 구수한 유머를 풀어놓을 수 있는 것도 오랜 세월에 걸쳐 단련된 말솜씨 덕분이라는 것이 대체적인 분석이다. 특유의 말솜씨에다 여유까지 곁들여져 최근의 '봉하 어록'은 옛 조상들의 은근한 은유와 해학마저 느끼게 한다. '모난 돌이 정을 맞는다.'라는 격언처럼 언론에 의해 '막말'이 지나치게 부각되기도 했지만, 그 '막말' 때문에 서민적 이미지로 대중들에게 가까이 다가서는 효과를 불러왔다는 것도 부정할 수 없는 사실이다.

그렇다면, 가히 '노무현 어록'이라고 할 만한 말은 어떤 것들이 있을까?

"이쯤 되면 막 가자는 거지요?"

2003년 3월, '대통령과 평검사와의 대화' 자리에서 모 검사가 취임 전 유세 당시, 부산 동부지청에 청탁 전화를 하지 않았느냐고 따지듯 물어본데 대해…….

"호시우행(虎視牛行). 내가 생각하는 개혁의 방법은 호랑이처럼 보고 소처럼 걷는 것이다."

2003년 4월 인터넷 공개 서한에서.

"만약 53년 전 미국이 한국을 도와주지 않았을 경우, 나는 지금 이 자리가 아니라 정치범 수용소에 있었을지도 모른다."

2003년 5월 13일, 방미 중 한미동맹을 강조하면서.

"전부 힘으로 하려고 하니 대통령이 다 양보할 수도 없고, 이러다 대통령 직을 못해 먹겠다는 생각이…… 위기감이 든다."

2003년 5월 21일, 5.18행사추진위 간부 면담에서.

"김대중 전 대통령이 말을 길게 하니 맛있게 먹은 밥도 소화가 안 되더라. 그래서 말을 많이 하지 말아야지 했는데, 대통령이 되고 보니 생각이 달라지더라."

2003년 5월 22일, 재외 공관장 면담 석상에서 자신의 다변(多辯)에 대해 이야기하며.

"1급수에 사는 열목어나 산천어처럼 깨끗한 대통령이라고 말하진 않겠다. 2급수, 3급수를 헤엄치며 진흙탕을 건너, 지뢰밭을 건너 정권을 잡았고, 오염되고 바짓가랑이에 흙을 묻히며 지나왔다."

2003년 6월 13일, 전국 세무관서장 초청 오찬 간담회에서 '도덕적 신뢰성'을 강조하며.

"국민들은 '개XX들, 절반은 잘라야 돼!' 라고 말한다."

2003년 7월 23일, 민원 제도 개선 담당 공무원들과의 대화에서 일반인들이 공무원들에 대한 불만을 어떻게 이야기하는지 비유하며.

"부당하게 짓밟고, 그에 항의한다고 더 밟고 '맛볼래?' 하면서 가족을 뒷조사하고 집중적으로 조지는 특권에 의한 횡포는 용납할 수 없다."

2003년 8월 2일, 참여정부 국정토론회에서 언론과의 관계를 설명하며.

"언론은 불량상품, 가차 없이 고발해야 한다!"
"몇몇 기자들이 기자실에 딱 죽치고 앉아 기사를 담합하고 있다."
언론에 대한 불만을 설명하며.

"그럼 나보고 아내를 버리라는 거냐?"
장인의 전력을 공격하는 보수 언론을 향해.

"내가 다른 데선 덜렁덜렁하지만 북핵문제만큼은 정말 섬세하게 한 발 한 발 물어보고, 짚어 보고, 정말 신중하게 한다. 속된 말로 통박을 굴린다."
2003년 11월 19일, 한국청년회의소 임원단과 다과회에서 북핵문제 해결 노력을 강조하면서.

"우리가 쓴 불법 자금 규모가 한나라당의 10분의 1을 넘으면 대통령직을 사퇴하고 정계를 은퇴하겠다."
2003년 12월 14일, 4당 대표와의 회동에서.

"시민혁명은 지금도 계속되고 있으며, 앞으로도 계속될 것. 막상 (고기 잡기) 경기는 벌어져 상대는 떡밥을 왕창 뿌려 고기가 따라가는 것이 보이는 반면, 내 그물에는 고기가 보이지 않는데 더 버틸 장사가 많겠느냐."
2003년 12월 19일, 노사모 주축의 개혁네티즌연대가 주최한 대선승리

'리멤버 1219' 행사에서.

"내년 총선에서 민주당을 찍는 것은 한나라당을 도와주는 것으로 인식될 것."

2003년 12월 24일, 총선 출마를 위해 사표를 낸 청와대 비서관 및 행정관
들과의 오찬에서.

"우리는 티코를 타고 어렵게 기름을 넣으며 대선 가도를 갔지만, 리무진
을 타고 유조차로 기름을 넣으며 달린 쪽이 훨씬 많이 썼을 것."

2003년 12월 30일, 장·차관급 초청 만찬에서 한나라당과의 대선 자금
규모를 비교하면서.

"지도만 있고 여행은 없지 않았느냐?"

2004년 1월 3일, 제 3차 참여정부 국정토론회에서 정부의 가시적 성과를
독려하면서.

"변화에 앞장서 뛰는 공직 사회를 만들어 대한민국의 팔자를 바꿔야 한다."

2004년 1월 26일, 중앙부처 간부 간담회에서.

"대통령 만드는 비용을 원가로 친다면 나는 원가가 아주 적게 들어간 대
통령이다."

2004년 2월 5일, 강원 지역 언론과의 회견에서 대선에서 적은 비용으로 당선되었음을 강조하면서.

"남의 나라 군대를 앞에 방패막이로 딱 세워 놓고 인계철선이 어쩌고, 미국 사람들은 얼마나 기분 나쁘겠나?"

2004년 2월 18일, 경기 인천 지역 언론과의 회견에서 '미2사단이 서울 이남으로 내려가는 것은 다행' 으로 평가하면서.

"간섭과 침략과 의존의 상징이던 용산 미군기지가 우리 국민들의 손에 돌아온다."

2004년 3월 1일, 삼일절 경축사 중에서.

"모자람을 인정하는 것이 혁신의 출발이다. 잘못을 인정한다는 것, 오류의 가능성을 인정하는 것이 진보의 출발이다. 우리나라 공무원 조직이 우수한 것은 사실이지만, 그럼에도 불구하고 자만하는 오류도 있다. 이 상태대로는 반드시 성공한다고 보장할 수 없다. 낡은 생각을 그냥 가지고 새로운 시대 맞이하면 탈이 난다. 버릴 것은 빨리 버려야 한다. 공무원이 가지고 있는 생각 중 많은 부분 낡은 생각을 가지고 있다는 것을 인정해야 한다. 2003년과 2004년 다르고, 2005년 다르고, 2005년 지나면 또 다르다. 이게 우리 목표다. 그렇게 해서 우리가 꼭 '역량 있는 정부' 만들어 국민에 떳떳하게, 국민에 보다 더 착실히 봉사하고 떳떳하게 월급 한번 받아보자."

2005년 1월 29일, 서울 세종로 정부종합청사 별관에서 정부 부처 장·차관 및 외청장 등이 참석한 가운데 열린 혁신토론회에서 혁신의 중요성을 강조하며.

"때로는 남북관계에서 쓴소리를 하고 얼굴을 붉힐 때는 붉혀야 하며, 이웃(일본)과도 쓴소리를 하고 붉힐 때는 붉혀야 한다."

2005년 4월 11일, 독일 베를린 동포간담회에서.

"권력을 통째로 내놓는 방안도 검토하겠다."

2005년 8월 25일, KBS 국민과의 대화에서 대연정을 제안하며.

"내가 비행기 타고 외국 나가니 그동안은 조용할 것."

2005년 9월 초, 외국 순방 길에 나서면서.

"한국 장관은 '미국 정책이 성공한 게 아니다.' 라고 하면 안 되는가? 그 각료는 국회에서 혼이 나야 되는 거냐? 내가 TV를 봤는데 이 장관의 말은 '(북한이) 미사일을 발사했다는 것은 한국의 실패를 의미하는 것 아닌가요?' 라는 질문에 '굳이 실패를 말한다면 미국이 제일 많이 했고, 한국은 좀 더 작은 실패를 했다고 봐야 하겠지요.' 라는 뜻이었다."

2006년 7월 25일, 국무회의에서 "북한 미사일 문제에서 미국이 가장 많이 실패했다."라고 말했다가 국회에서 비판받은 이종석 통일부장관을 두둔하며.

"노무현이 하는 것 반대하면 다 정의라는 것 아니겠느냐. 흔들어라 이거지요, 흔들어라. 난데없이 굴러들어온 놈."
2006. 12월 21일, 민주평통자문회의 연설에서.

"우리 사회에서 가장 부실한 상품이 돌아다니는 영역이 어디냐. 내 생각에는 미디어 세계인 것 같다."
2007년 1월 4일, 언론을 비판하면서.

"토론 한번 하고 싶은데, '그놈의 헌법' 때문에……."
2007년 6월 2일, 참여정부평가포럼 연설 중에서.

"요즘 깜도 안 되는 의혹이 춤을 추고 있다."
"내 스스로의 판단에 대한 자신이 무너졌다."
2007년 변양균 청와대 정책실장의 '신정아 비호' 의혹과 정윤재 전 청와대 의전비서관의 비리 연루설과 관련해 언론의 문제 제기를 일축했다가 의혹이 사실로 드러나자 당혹감을 감추지 못하며.

"기자실이 되살아날 것 같아 대못질해 넘기겠다."

2007년 6월 8일, 원광대 특강에서 기자실 통폐합 방침에 대한 의지를 피력하면서.

"날더러 가끔 '너 왜 자꾸 친미하냐?' 라고 묻는 사람들이 있다. 그런데 남북문제, 그리고 동북아 문제를 풀기 위해서는 친미도 하고, 친북도 하고, 친중도 하고, 친소와 친일 다해야 한다."

"(당선자 시절인 2003년 1월, 주한 미군사령부를 찾았던 것과 관련) 한미 간의 갈등으로 계속 몰아가니까 갈등을 걱정하는 사람들에게 잘 관리하고 있다는 제스처가 필요했다. 그래서 주한 미군사령부에 가서 서로 악수하고, 사진도 찍고, 그랬는데 불가피한 일이었다. 하지만 기분이 그렇게 좋았던 것은 아니다. 세계 10위권의 경제 대국이라는 대한민국 대통령이 당선자 신분으로 주둔군 사령부에 먼저 방문해 가지고 악수하고, 사진 찍어야 되는 것이 정상적인 나라냐? 좀 서글프긴 하지마는, 그렇게라도 하지 않을 수 없는 것이 그 당시 우리 한국의 현실이었다."

"(북핵 협상 과정에서) 제일 어려운 것은 국내 언론이다. 국내 언론이 미국 강경파 쪽보다 더 강경하고, 언론만이 아니고 야당도 있다. 더 강하게 협박하고, 비난해서 제일 힘들었다. 그때 그 사람들이 요구했던 대로 했더라면 지금 상황이 어떻게 됐겠느냐?"

　"언론과의 싸움을 자신에게 주어진 역사적 책무라고 생각해야 한다. 김구 선생의 '대붕역풍비, 생어역수영'(大鵬逆風飛 生魚逆水泳. 큰 새는 바람을 거슬러 날고, 살아있는 물고기는 물을 거슬러 헤엄친다)이란 어록이 의미하듯 그것이 적어도 역사에 마주선 정치인의 자세라고 생각한다."

　"대통령 될 줄 알았으면 미리 좀 연습을 해두는 건데, 윗자리에 앉으면 불안해서 잘 못 앉아 있고……. 말을 위엄 있게, 행동을 기품 있게 할 필요가 없는 환경에서 살아 잘 몰랐다."

　"내가 북쪽에서 많은 사람을 만나서 대화를 해보지는 않았지만, 가장 유연하게 느껴진 사람은 김정일 위원장이었다. 거침없이 말하는 사람이고, 대화가 되는 사람으로, 오래 얘기하면 말이 좀 통할 수 있는 사람이었다."
　2007년 11월 11일, KBS-TV 특집 인터뷰 다큐멘터리 '대통령, 참여정부를 말하다' 중에서.

　"대통령의 권력, 지위, 영광 이런 것들은 인생의 행복에 별로 필요한 게 아니다. (퇴임 후) 사람들과 잘 안 섞여질 것 같다. 사람들 속의 격리, 그게 제일 걱정이다. 앞으로는 승부의 대척점에 서 있지 않을 것이다. 현실적인 쟁

점과 부딪치지 않도록 하겠다. 재임 중 힘들었던 것 중 하나가 화장이었다. 화장의 의미는 무엇인가, 항상 무대에 선다는 뜻이다."

2008년 2월 22일, 퇴임을 앞두고 앞으로의 행로와 재임 시절 소회에 대해 이야기하면서.

"옛날 우리나라에는 낙향이란 개념이 있었다. 사대부 사회, 선비 사회의 하나의 미덕으로 이해되고 있다. 그러나 왜 낙향이 미덕인지 잘 모르겠고, 내가 시골 가는 것은 낙향이란 개념과는 무관하다. 재임 시절 균형발전 정책을 추진하면서 은퇴 후의 도시 생활이 아닌 시골 생활 같은 것을 상당히 정책적으로 권장해 보자고 제안한 바 있다. 농림부에 아직 그런 정책 개념이 있다. 개인적으로 그에 대한 매력이 좀 있다. 서울에 자주 가게 될 것이다. 하지만 서울에 숙소도 없고, 가끔 오지 않을까. 아니 지금은 정해 놓은 것이 없어서, 올 일이 있으면 오는 것이고, 아니면 안 오는 것이지."

2008년 2월 25일, 경남 밀양으로 내려가는 고속열차(KTX) 안에서.

"귀향 보고를 하는 이 자리가 지난 5년 동안 가장 보람된 시간인 것 같다. 미국이 서브 프라임 모기지론과 관련된 사고를 치는 바람에 우리 경제도 잘못하면 미국처럼 사고 칠 뻔했지만 열심히 해서 사고는 치지 않았다."

2008년 2월 25일, 봉하마을 귀향 환영 행사에서.

"나는 그냥 나오면 되는데 여자들은 씻고 찍어 바르고…… 분장하려면 시간이 걸린다. 그래서 나 혼자 나와 서비스하는 거니까 좀 봐 달라."

봉하마을을 찾은 사람들이 부인은 왜 안 나왔냐고 묻는 말에.

"요새 돌아가는 꼴 보니 전신주 하나 뽑는 건 일도 아니겠던데, 저도 하나 뽑아버릴까요?"

봉하마을 만남의 시간 중에 전신주에 가려서 노무현의 얼굴이 보이지 않는다며 각도를 바꿔 달라고 부탁하는 시민을 향해.

"여기 내 이름도 붙여줘."

식목 행사에서 나무 두 그루를 식수한 후.

"인자 버릇이 되어서 괜찮다. 내가 원래 촌놈 아이가?"

봉하마을에서의 생활이 피곤하시지 않느냐는 질문에 대해.

ⓒ 사람 사는 세상(www.knowhow.or.kr)

대통령님
나와주세요!

2008년 7월 15일 초판 1쇄 인쇄
2008년 7월 20일 초판 1쇄 발행

지은이 | 김창배
펴낸이 | 계명훈
마케팅 | 함송이
펴낸곳 | for book

기획 · 진행 | F · book, 이수지
디자인 | All Design(02-776-9862)
인쇄 | 미래프린팅
출력 | 타임출력

주소 | 서울시 마포구 공덕동 105-219 정화빌딩 3층
판매 문의 | 02-753-2700(에디터)
출판 등록 | 2005년 8월 5일 제2-4209호

값 12,000원
ISBN 978-89-960063-0-5   03810